シリーズ「遺跡を学ぶ」085

奇偉荘厳の白鳳寺院

山田寺

箱崎和久

新泉社

奇偉荘厳(きいしょうごん)の白鳳寺院
―山田寺―

箱崎和久

【目次】

装幀　新谷雅宣
本文図版　松澤利絵

第1章　奇偉荘厳の寺

1　藤原道長の来訪

息をのむ堂内

「堂中は以て奇偉荘厳(きいしょうごん)にして、言語云うを黙し、心眼及ばず」

これは、藤原道長が南都の諸寺と高野山参詣の途中で山田寺を来訪し、述べたくだりで、平安末期の歴史書『扶桑略記(ふそうりゃくき)』に記されている。金堂や塔の内部の様子はすばらしく、言葉を失うばかりで、真の姿を識別できないほどみごとだ、という。

道長一行一六人は、一〇二三年（治安(じあん)三）一〇月一七日に道長の別荘、宇治殿を出発し、その日は東大寺に宿泊。翌日、東大寺・興福寺・大安寺・法蓮寺を経て山田寺に達するも、夜になってしまい、一行は山田寺で宿泊したらしい。その翌日に右の記事がある。

藤原道長といえば、『源氏物語』の光源氏のモデルになったともいわれ、摂関政治で栄華をきわめた人物として著名である。これより三年前の一〇二〇年（寛仁四）には法成寺の建立を開始しており、仏教美術への目は肥えていたであろう。

その藤原道長が、山田寺の堂内を形容した「奇偉荘厳」の語は、すこし意味を拡大して解釈すれば、数奇な運命をたどり、また発掘調査によって類いまれな遺構や遺物を確認した、山田寺にこそふさわしいキイワードだと思う。どのあたりが奇偉なのか、山田寺のミラクルワンダフルワールドへご案内しよう。

飛鳥地域の要衝の地

まず、山田寺の位置を確認しておこう（図1）。

大和盆地の南部、現在の奈良県橿原市・桜井市・明日香村は、六〜七世紀にかけて、大王家（のちの天皇家）の宮殿が営まれ、また豪族の居館も建てられた大和政権の中心部であり、六九四年には日本最古の方格地割をもつ藤原京に遷都された。

五八八年に建立がはじまった日本最古の仏教寺院である飛鳥寺は、大和盆地の平野部から飛鳥川をさかのぼった東西五〇〇メートル、南北一キロあまりの細長い盆地の中央部にあり、その南方には、六七三年に即位した天武天皇の飛鳥浄御原宮が営まれた。この飛鳥寺や飛鳥浄御原宮が立地する細長い盆地が、狭義の飛鳥とよばれている地域にあたる。

一方、七世紀には、下ツ道・中ツ道・上ツ道とよばれる官道が整備された。いずれも大和盆地を南北に縦断するが、そのなかで大和盆地の東麓を走る上ツ道は、南端で丘陵を越え、飛鳥

図１ ● 山田寺の位置

山田寺は、大和盆地の東南部、飛鳥寺や川原寺が建つ飛鳥地域の東方に立地し、阿倍山田道に接する交通の要衝に寺地を構えた。

地域の北辺を限る東西方向の道路となる。この南北方向から東西方向に向きを変える部分を、とくに阿倍山田道とよぶ。

山田寺は、この阿倍山田道に接する丘陵の東麓に建てられた。ここは飛鳥から上ツ道への出入口となる交通の要衝で、現在の奈良県桜井市山田にあたる。

2　石川麻呂、非業の死

造営主・蘇我倉山田石川麻呂の悲劇

山田寺は蘇我倉山田石川麻呂（?～六四九）によって創建された。古代寺院で文献から創建の様相が知れるものは非常に少ないが、山田寺の場合、『上宮聖徳法王帝説』裏書（図2）の記事からくわしく知ることができる。

裏書というのは、文字どおり裏側に書かれた文のこと。つまり『上宮聖徳法王帝説』は、もともと反故紙の裏面を利用して書かれたもので、これが史料として伝来し、その裏側の反故にされた部分に、たまたま山田寺の創建事情が潜んでいたというわけだ。これも山田寺の数奇な運命の一つにあげることができよう。

『上宮聖徳法王帝説』裏書に記されている山田寺の内容は、表1の六四一年（舒明一三）「浄土寺建立の地を定め、整地する」から六八五年（天武一四）の「丈六仏開眼」までだが、そのなかで最大の事件は、六四九年（大化五）の「石川麻呂の変」である。

詳細を『日本書紀』の記述をもとにみていこう。六四九年三月二四日、石川麻呂の異母弟である蘇我日向は、右大臣・石川麻呂に謀反の疑いがあると皇太子・中大兄皇子（天智天皇）に告げた。ときは難波宮の時代。孝徳天皇は使者を難波の石川麻呂の邸宅に遣わすが、石川麻呂は「直接天皇の前で申し述べたい」と返答を拒む。兵が石川麻呂の邸宅を包囲しようとしているころ、二人の子とともに邸宅を脱出した石川麻呂は、山田寺に鞍を進める。

　山田寺では石川麻呂の長子・興志が寺の造営を務めていた。興志は迎え撃つことを進言するも石川麻呂は許さず、翌二五日、興志をはじめ山田寺の衆僧ら数十人に天皇への忠誠を諭すと、仏殿の扉を開き、仰いで「願わくは永遠に天皇をお恨み申し上げません」と誓って興志らとと

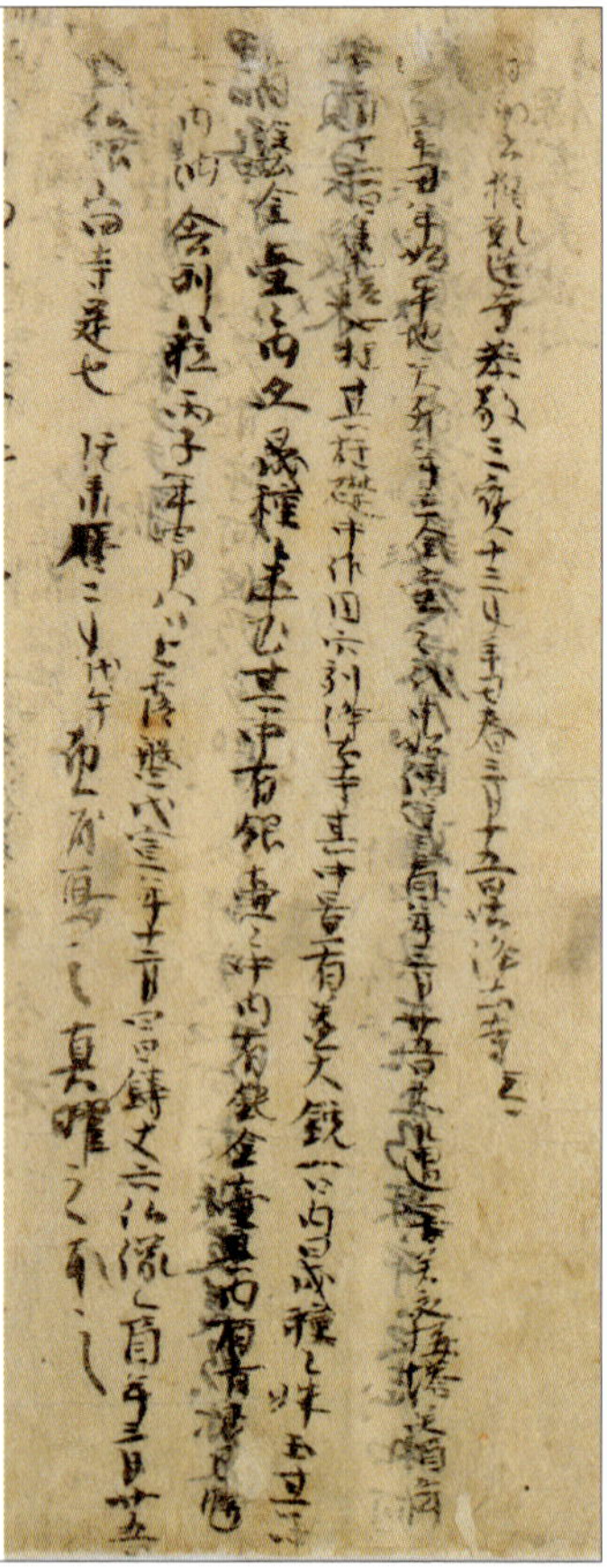

有本云誓願造寺恭敬三宝十三年辛丑春三月十五日始浄土寺云々
注云辛丑年始平地癸卯年立金堂之戊申始僧住己酉年三月廿五日大臣遇害癸亥構塔癸酉年
十二月十六日建塔心柱其柱礎中作円穴刻浄土寺其中置有蓋大鋺一口内晟種々珠玉其中
有塗金壺々内亦晟種々珠玉其中有銀壺々中内有鈍金壺其内有青瑠璃瓶
其内納舎利八粒丙子年四月八日上露盤戊寅年十二月四日鋳丈六仏像乙酉年三月廿五日
点仏眼山田寺是也

図２●『上宮聖徳法王帝説』裏書とその釈文（部分、一部加工）
山田寺の創建について知ることができる貴重な文献。１行目に「浄土寺」（山田寺）の発願が記され、最後の２行で丈六仏の開眼を伝える。

もに自害したのである。

　のちに石川麻呂の資財を整理した際、貴重な書物には「皇太子の書」、宝物には「皇太子のもの」と書かれていたことを知った中大兄皇子は、石川麻呂は逆臣ではなく、取り返しのつかないことをしたと悔い恥じたという。

造営の後ろ盾

造営主である石川麻呂を失って、山田寺はどうなったのであろうか。ここで**図3**の系図をみておこう。

　石川麻呂の娘・遠智娘（おちのいらつめ）は天智天皇妃で、その子には天武天皇妃となり、天武天皇なきあと皇位をついだ持統（じとう）天皇がいる。山田寺の造営は**表1**にみるように六六三年（天智二）に再開されたようだが、四年後に都は近江に遷り、また塔の心柱（しんばしら）を立てるまで

641 年（舒明 13）	浄土寺建立の地を定め、整地する（『帝説』裏書）
643 年（皇極 2）	金堂建立（『帝説』裏書）
645 年（皇極 4）	乙巳の変。蘇我入鹿殺害（『日本書紀』）
648 年（大化 4）	僧侶が住みはじめる（『帝説』裏書）
649 年（大化 5）	石川麻呂の変（『帝説』裏書・『日本書紀』）
663 年（天智 2）	造塔に着手（『帝説』裏書）
673 年（天武 2）	塔の心柱を立てる（『帝説』裏書）
676 年（天武 5）	塔完成（『帝説』裏書）
678 年（天武 7）	丈六仏を鋳造（『帝説』裏書）
685 年（天武 14）	丈六仏開眼（『帝説』裏書）、天武行幸（『日本書紀』）
699 年（文武 3）	30 年を限り 300 戸の封戸を給う（『続日本紀』）
703 年（大宝 3）	山田寺など 33 寺に斎を設ける（『続日本紀』）
739 年（天平 11）	石川年足、大般若経を浄土寺に置く（写経奥書）
834 年（承和元）	僧護命卒す。卒伝に古京山田寺にひきこもるとある（『続日本後紀』）
1023 年（治安 3）	藤原道長、山田寺に参詣（『扶桑略記』）
1034 年（長元 7）	善妙、法華八講を修する（『多武峰略記』）
1187 年（文治 3）	興福寺の東金堂衆、山田寺講堂の丈六仏を奪い去る（『玉葉』）
1279 年（弘安 2）	多武峰寺と相論（『鎌倉遺文』）

表 1 ●山田寺の歴史
仏教を取り入れた国づくりのなかで発願され、乙巳の変（大化の改新）をへて、造営主・石川麻呂の非業の死、天武朝の造営再開、そして興福寺東金堂衆による講堂丈六仏の奪取など、波乱に満ちた歴史をたどった。

一〇年の歳月があることを考慮すれば、造営は頓挫したようだ。

心柱が立つ六七三年（天武二）は、前年に起きた壬申（じんしん）の乱に勝利した天武天皇が、都を飛鳥浄御原宮に定めて即位した年である。その後、講堂の丈六仏をつくり、開眼に際して天武天皇が山田寺を訪れており、さらにその後も封戸（ふこ）を賜るなど、官寺なみの処遇を受けるようになる。

このころ蘇我氏には有力者がなく、これらの造営には石川麻呂を祖父にもつ、のちの持統天皇の後ろ盾があったと考えられている。それによって山田寺は天武朝（〜六八六）には完成したであろう。数奇な運命の幕開けである。

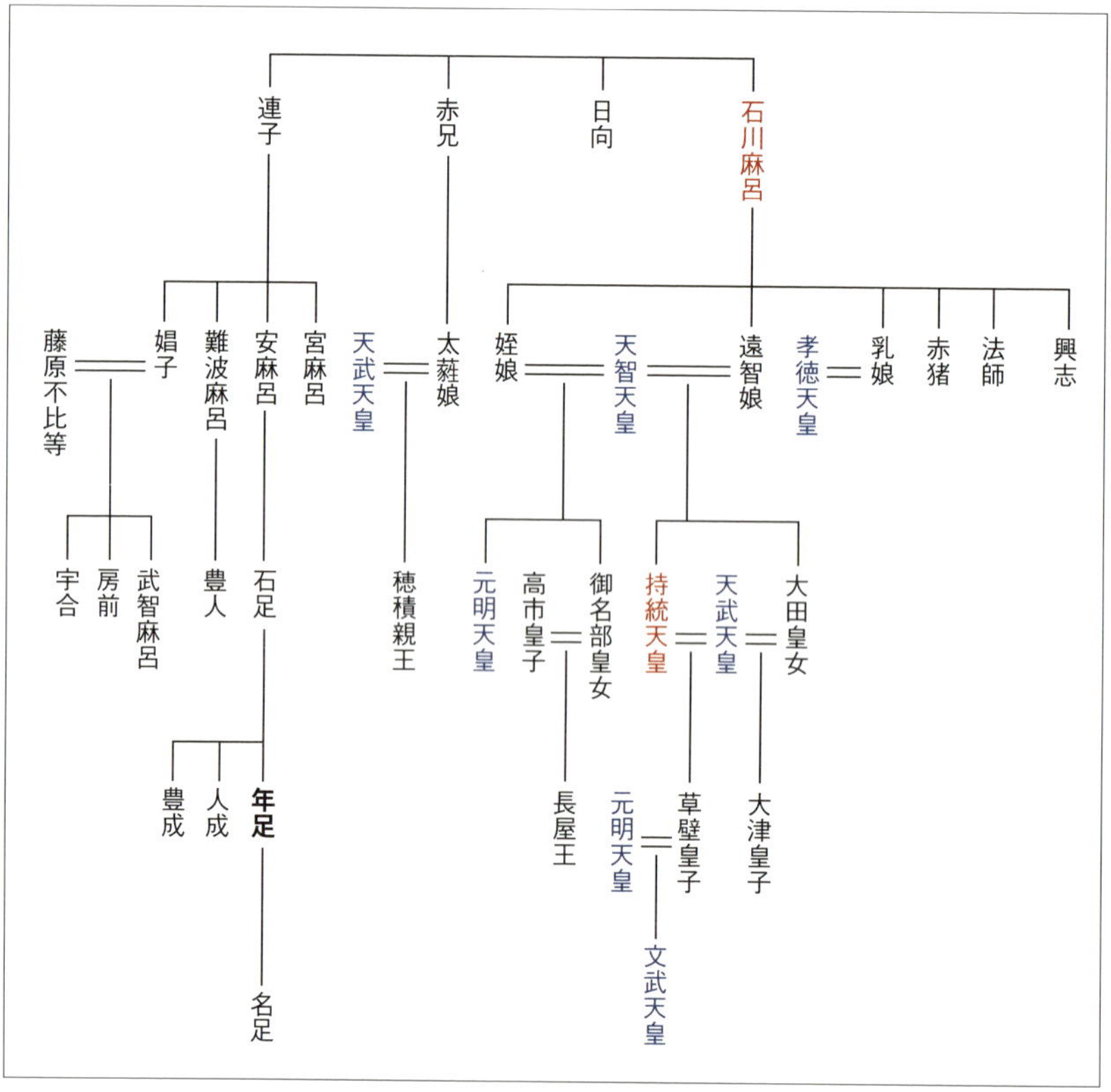

図3 ● 石川麻呂および子孫の系図
石川麻呂の孫に持統天皇がいる。石川麻呂没後、山田寺の完成にはこの持統天皇の後ろ盾があったと考えられている。

3　山田寺仏頭のゆくえ

数奇な運命の大波は、源平争乱の時代にもおしよせる。一一八〇年（治承四）、平清盛の命を受けた平重衡の南都焼き討ちにより、東大寺・興福寺の堂塔の大多数は灰燼に帰した。復興はすぐにはじまり、一一八五年（元暦二）には興福寺東金堂が再建された。しかし、厖大な復興作業のなかで本尊をつくるには至らなかったようだ。このため、一一八七年（文治三）、興福寺の東金堂衆が山田寺の講堂に押し入り、丈六薬師三尊を強奪して東金堂の本尊にしたという。

その後、興福寺の東金堂は、一三五六年（文和五）と一四一一年（応永一八）に火災で焼失するが、応永の火災では本尊も東金堂と運命をともにした。火災後、堂を引き倒して御首のみ取り出したという。興福寺に現存する旧山田寺仏頭（国宝、図4）がこれであり、『上宮聖徳法王帝説』裏書にみえる「丈六仏」がその製作に関する資料である。

その後、この仏頭の存在は忘れられていたが、一九三七年、東金堂の解体修理の際に、須弥壇の下に置かれていたのが発見された。

なお、山田寺の発掘調査では、一二世紀後半ごろとみられる焼土層が塔・金堂・講堂周辺で発見されており、興福寺東金堂衆が乱入した際、山田寺の創建期の堂塔は焼き討ちされた可能性が高い。平安時代以来の資料を集めて、一三四五年（康永四）に成立したと考えられる護国寺本『諸寺縁起集』などの後世の史料によって、山田寺にはいくつもの仏像があったことがわかるが、現存するのはこの仏頭ただ一つであり、かろうじて今にのこる仏頭に数奇な運命を感じずにいられない。数奇な運命の第二幕といえよう。

その後の山田寺については、表1からわかるように、文献からはほとんど知ることができない。発掘調査では、鎌倉・室町時代の瓦が講堂周辺でまとまって出土し、鋳造遺構や区画溝もあることから、再興されているらしい。一二七九年（弘安二）の多武峰との相論記事からは、それなりの寺勢をもつことがうかがえる。

現在の山田寺は、山号を大化山といい、法相宗に属する。講堂の位置に東向きの観音堂が建ち、付近に散在する手水鉢や石碑なども江戸時代のものらしい。『西国名所図会　大和』（一七九三年刊）をみても、この頃の山田寺は石川麻呂の悲劇の寺跡として取りあげられている。

図4 ●旧山田寺仏頭（興福寺旧東金堂本尊）
山田寺講堂の本尊であったが、1187年に興福寺東金堂衆に強奪され、東金堂の本尊とされた。1411年の火災で東金堂と運命をともにしたが、かろうじて頭部だけ残った。

4　よみがえる往時の姿

発掘前夜

明治の廃仏毀釈の嵐のなかで、たとえば奈良・興福寺五重塔を焼いて金物を採取する計画があったり、明日香村小山にある大官大寺（だいかんだいじ）跡にのこっていた礎石が橿原神宮の造営用材として持ち去られるなど、寺院や寺院跡の荒廃はすすんだ。

古代寺院跡の礎石を伽藍石と称して庭園に用いることも盛んで、明治後半から大正にかけては、古蹟保存の動きが起こる一方で、伽藍石や石燈籠などを古物商が地元から買い取り、所望する数寄者などに売却したため、その価格が暴騰した。高橋健自による一九〇四年（明治三七）の報告では、古蹟保存の声はあるけれども、日に日に失われていくと述べている。この報告によると、山田寺の塔跡には礎石が描かれていないものの、金堂跡には一二個の礎石がのこっていたことがわかる。

近代数寄者・高橋箒庵（そうあん）の日記『萬象録（ばんしょうろく）』には、東京赤坂一ッ木町に一九一六（大正五）〜一七年に造営した伽藍洞一木庵（がらんどういちぼくあん）に用いる庭石のため、山田寺の礎石計四個を、京都や奈良の古物商から買い受け、東京汐留で実見した記事がある。山田寺の礎石は大阪の藤田美術館にあることは知られているが、東京にも運ばれていたのである。なお、高橋箒庵の『東都茶会記』によると、この伽藍洞には、このほか元興寺・川原寺・高麗寺（こまでら）・秋篠寺・東大寺・法隆寺・唐招提寺・法華寺・東寺・高台寺などの礎石が用いられ、一木庵の床柱には斑鳩の法輪寺三重塔の修理古柱を充てていた。一九二〇年にはこの床柱を興福寺食堂の修理古材に取り替えている(『萬象録』)。伽藍洞一木庵は戦災で失われた。

建築史学者・天沼俊一が山田寺を調査したのは、その直後の一九一六年で、金堂跡には二つの礎石しかのこっていなかった。この調査がもととなって一九二一年には国史跡に指定され、一九五二年には特別史跡となった。一九七五年には指定地の中心部を国が買い上げ、史跡公園として整備する方向が示された。

飛鳥時代の回廊出土

以上のような経緯により、史跡整備のための基礎的データを得る目的で、一九七六年度から奈良国立文化財研究所(二〇〇一年度より独立行政法人化のため奈良文化財研究所)が発掘調査をおこなうこととなった。

発掘調査の経過は表2や図5のとおりである。とりわけ衆目を集めたのは、第四〜六次調査で倒壊したままで発見された東面回廊の遺構だろう。第四次調査にかかる一九八二年一二月一

1976年4〜10月	第1次調査　中門・塔・西面回廊(2,700㎡)
1978年1〜7月	第2次調査　金堂・北面回廊(2,500㎡)
1979年5〜9月	第3次調査　講堂・北面回廊(1,300㎡)
1981年10月	『山田寺展』(飛鳥資料館)開催
1982年8〜83年1月	第4次調査　東面回廊・寺域東限(600㎡)
1983年5〜10月	第5次調査　東面回廊(527㎡)
1984年8〜12月	第6次調査　東面回廊・寺域東北隅(572㎡)
1989年10〜90年2月	第7次調査　南門・寺域南限(1,150㎡)
1990年8〜12月	第8次調査　東面回廊・宝蔵・寺域西限(800㎡)
1994年11〜12月	第9次調査　寺域東南隅(80㎡)
1995年3月	『山田寺出土建築部材集成』刊行
1996年4月	『山田寺』(飛鳥資料館カタログ第11冊)刊行
1996年5〜8月	第10次調査　南面回廊(170㎡)
1997年4月	『山田寺東回廊』(飛鳥資料館カタログ第12冊)刊行
1996年10〜12月	第11次調査　寺域南辺(175㎡)
2001年3月	史跡整備工事竣工
2002年3月	『山田寺発掘調査報告』(『大和 山田寺跡』)刊行
2007年3月	『飛鳥藤原京木簡1　飛鳥池・山田寺木簡』刊行
2007年10月	『奇偉荘厳　山田寺』展(飛鳥資料館)開催

表2 ●山田寺の発掘調査と研究

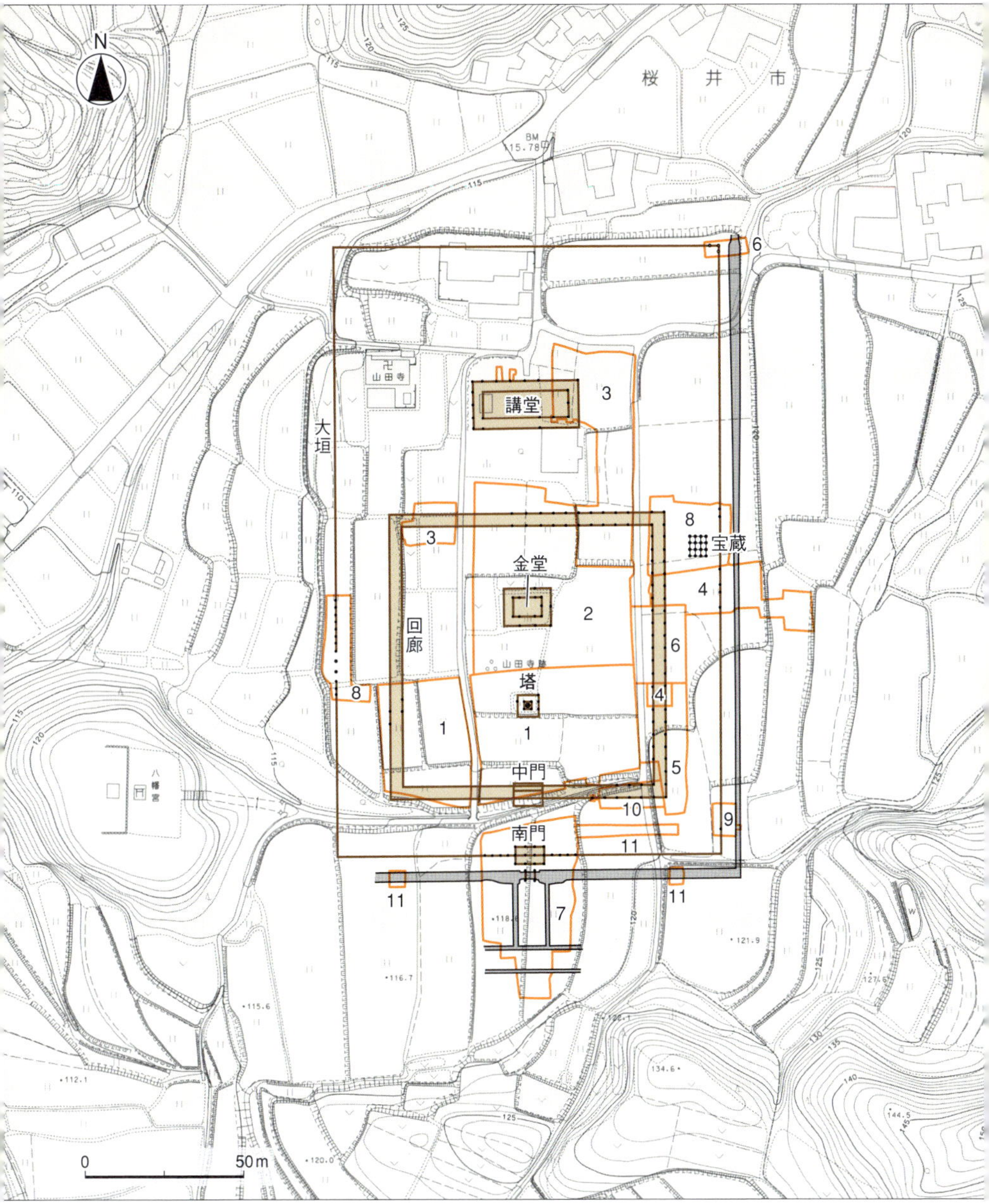

図５●発掘調査の位置と遺構（数字は調査次数）
第１～３次の調査で伽藍中心部を調査し、その後、周辺部へとおよんだ。倒壊したままの回廊がはじめてみつかったのは、第４次調査の小トレンチであった。

日の朝刊は、各紙の一面を飾り、「飛鳥時代の回廊出土」、「最古の寺院木組み出土」、「最古の木造建物遺構」などのキャッチコピーで報じた（図6）。

弥生時代の建築部材などは静岡県山木遺跡などでも出土していたから、「最古の木造建物」という表現はやや適切でないが、現場の興奮はよく伝わってくる。見学者は、四日土曜には三〇〇〇人、五日日曜には七〇〇〇人にのぼったという。山田寺は、厳密に言えば飛鳥の地域か

毎日新聞　1982年（昭和57年）12月1日（水曜日）

最古の木造建物遺構

山田寺（奈良）東回廊を発掘

奈良県桜井市山田にある特別史跡・山田寺跡で十月、千三百数十年前の飛鳥時代に造営され、その後、寺運が衰えた平安時代に自然倒壊した東回廊遺構の一部が見つかり話題となったが、発見を重視した奈良国立文化財研究所飛鳥藤原宮跡発掘調査部（狩野久部長）は十一月からさらに発掘場所を移して調査を続けた結果、三十日までに完全に復元可能な状態で埋まっていた連子窓（れんじまど）、柱、壁など二間（ま）分の東回廊建物遺構を発掘した。同寺は大化改新（六四五）の功臣、蘇我倉山田石川麻呂が舒明十三年（六四一）から造営に着手、その後、天智、天武天皇によって工事が続行、天武十四年（六八五）に完成した飛鳥時代の大寺。同県生駒郡斑鳩町の法隆寺金堂が持統天皇時代（六八六—六九七）に再建され、世界最古の木造建物とされているが、山田寺はそれより半世紀も古い造営で、今回の発掘はわが国古代寺院などの研究上、画期的な発掘成果と考古学界に衝撃を与えている。（18面に関連記事）

自然倒壊したまま埋もれていた飛鳥様式の山田寺の回廊部分

復元可能な状態

法隆寺の半世紀前造営

二間分の連子窓、柱

図6 ● 1982年12月1日の毎日新聞の記事

この日の朝刊は、各紙、大々的に山田寺の発見を報じた。

らは外れるが、飛鳥寺（一九五六年）、高松塚古墳（一九七二年）などにつづく、当時の飛鳥ブームを支えた遺跡と評価することができるだろう。

一九八四年の第六次調査以後、多量の建築部材の整理や保存処理が急務となって、発掘調査は断続的になるが、倒壊した回廊は一九九六年の南面回廊の発掘調査（第一〇次）でも発見された。筆者にとって、一九八〇年代の東面回廊の調査成果は、建築史を勉強しはじめた時期の教科書的存在であったから、第一〇次調査で同様な遺構をこの目で確認できた興奮は机上で学ぶ何よりも鮮烈であったことを覚えている。

図7 ● 南東上空から見た山田寺跡
左奥の独立峰が畝傍山、右奥が耳成山、耳成山手前の丘陵が香久山、手前を横断する舗装道路が阿倍山田道。山田寺は大和盆地東南部の丘陵東麓に立地し、航空写真ではわかりづらいが、周囲は手前側に高い段々畑になっている。

第2章　奇偉荘厳の伽藍

1　創建伽藍と完成伽藍

一塔一金堂式の伽藍配置

発掘調査でみつかった寺院中心部の建物遺構（伽藍地とよぶ）は、南から南門、中門、回廊、塔、金堂、講堂を中軸線上にならべ、中門から発した回廊が金堂背後で閉じ、講堂はその北側に建つ（図8）。そして南門から発した大垣（掘立柱塀）が講堂をかこんでいる。回廊の東北隅の東、大垣との間には宝蔵を建てる（図9参照）。

このように中門、塔、金堂、講堂を一直線上にならべる一塔一金堂式の伽藍配置を、一般的には四天王寺式とよぶ。しかし、その典型例の大阪府・四天王寺では、回廊が講堂の左右に取り付くのにたいし、山田寺では金堂と講堂の間に回廊を通す点が異なっている。これによって仏教儀式のありようも異なってくると考えられるので、発掘調査報告書『山田寺発掘調査報告』（同内容異名本に『大和　山田寺跡』）では、山田寺式と命名している。

発掘調査で確認した遺構は、伽藍地を構成する建物が中心である。講堂背後に僧房が建つとすれば、寺院経営のための政所や大衆院、食事を供する食堂や大炊殿といった、いわゆる付属院地を構成する建物はみつかっていないことになる。

面積からみて、大垣の内部にはこれら多数の建物は存在しえず、大垣より外側に建つと考えざるをえない。後述するように、八世紀中頃～九世紀後半には東北院が営まれたことが判明しているが、それ以前にもこの付近に付属院地を構成する建物が存在した可能性は十分にあるだろう。

造営の工程

伽藍地の堂塔の造営順序は、文献から、金堂→塔であることがわかるが、発掘調査によってそれが証明されるとともに、そのほかの堂塔の造営や改修の様相も明らかになった。

まず、造営にあたっては東の丘陵を削り、一方、西の谷を深いところでは二メートル以上も埋める造成がおこなわれた。金堂とともに創

図８ ●山田寺伽藍復元図（東方やや南から）
中門－塔－金堂－講堂を一直線上に配するが、
回廊が金堂背後で閉じるのが特徴である。

建当初に建てられたのは、出土瓦の分析から、回廊であることが判明した。

すなわち、創建当初は、金堂と金堂南方の中門、中門両脇から発して金堂をかこむ回廊が建ち、中門南方には掘立柱で棟門形式の南門（非瓦葺か）があり、ここから発した掘立柱の大垣がさらにその外側をかこんでいたと考えられる。これが六四九年の石川麻呂非業の死をみとった創建伽藍であろう。

つづいて天武天皇が行幸した完成伽藍は、金堂の前に五重塔が建ち、北面回廊の後方に講堂が、また回廊の東北隅外側に宝蔵が建てられた姿であった。南門は礎石建ち、瓦葺の門に建て替えられ、これに接続する外周の区画施設は、創建期の掘立柱塀を一部ではそのまま使用しているが、大半が当初の柱の抜取穴を利用して再建されている。

塔の地盤改良工事である「掘込地業」（23ページ参照）が、金堂周囲の整地層を切り込んでいることから、塔の建立は金堂より遅れることは確実だが、塔に用いられた瓦の約半数は創建期のもので、計画としては一連であったことがわかる。また、金堂と回廊には天武朝の補修瓦があり、伽藍中心部の完成を機に金堂と回廊の部分的な修理もおこなわれたらしい。

その後、八世紀中頃〜九世紀後半には、宝蔵が礎石を据え直して建て替えられ、東面大垣の南北中心付近から東方へ掘立柱塀をつくって一院（東北院と呼称）がつくられた。また回廊内には割れた瓦を敷きつめている。

さらに、〇世紀前半〜一一世紀初頭頃には、回廊建物の地覆石を抜き取って部材を取り替え、抜き取った跡に石や瓦を入れ、また回廊の東南隅と東北隅を床張りにする改修がおこなわれている。不等沈下をならすため、回廊内を全面バラス敷きとし、南門に接続する周囲の大垣は築地塀に改修したらしい。また、この頃には前代につくった東北院は廃絶してしまったようだ。

藤原道長が訪れた一〇二三年（治安三）からほどなく、宝蔵のほか少なくとも東面回廊と南面回廊の東半分が東方からの土砂の流入によって埋没したが、塔・金堂・講堂は被災をまぬがれた。金堂や塔の周辺では焼土層があるほか、瓦や塼仏なども被熱しており、その年代は出土土器の分析から一二世紀後半に比定できる。このため、第1章でもふれたように、興福寺東金堂衆が乱入して講堂の本尊を奪った一一八七年（文治三）に焼き討ちにあったと考えられる。

その後の遺構としては、一三〜一四世紀の井戸や土坑、一三世紀後半の梵鐘の鋳造遺構があり、鎌倉〜室町時代の瓦が講堂周辺で出土することから、この時期に講堂周辺を中心に再興されたらしい。

造営の寸法

つづいて、伽藍中心部がどのような寸法体系でつくられたのかをみておこう（図9）。

山田寺の寸法体系については、報告書刊行以後にも検討されているが、ここでは発掘調査報告書にもとづいて記述する。

各建物や建物間の距離は、統一した尺度でつくられているわけではない。一尺の実寸法（造営尺）も、外周の掘立柱塀や創建期の掘立柱南門は二九・五〇センチ、回廊・金堂は三〇・二四センチ、塔と礎石建ちの南門は二九・七〇センチ、講堂は二九・四五センチ、宝蔵は三〇・

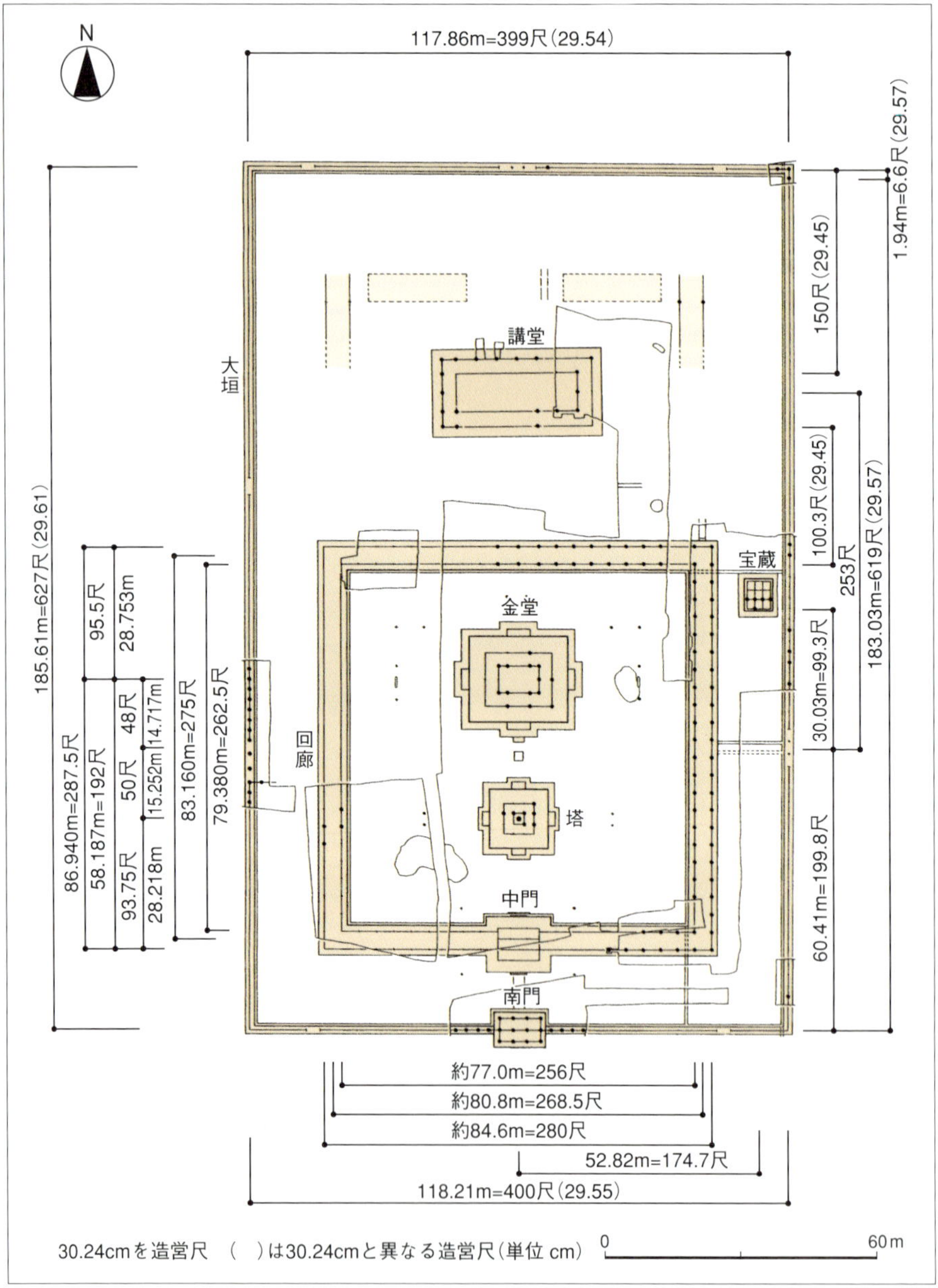

図 9 ● **建物間の寸法**

建物間の距離は、発掘遺構からはきれいな完数尺にならない。計画寸法は読み取れるが、実際の施工にあたって調整されたらしい。

五〇センチと異なる。

大垣の東西は四〇〇尺、南北は六二七尺（東面大垣の柱間寸法八尺と西面大垣の同七・五尺の公倍数）、回廊は東西、南北とも三〇〇尺、南面回廊（南側柱）—塔—金堂—北面回廊（北側柱）の間隔は、各一〇〇尺で計画されたとみられる。ただし、実際は各建物の規模や柱間寸法などによって調整されたらしい。

2　金堂

基壇の築成法

金堂は、壇正積（だんじょうづみ）（24～25ページ参照）による基壇（きだん）（基礎）の上に建ち、基壇上面に礎石が二個、原位置を保ってのこっていた（図10）。

金堂の基壇をつくるにあたっては、基壇のまわり三・五～三・八メートル外から、深さ一・八メートルほど掘り込んで、東西二五メートル、南北二三メートル程度のプール状の掘り込みをつくり、この底部から粘土や砂などを層状に突き固め（これを版築（はんちく）とよぶ）、一種の地盤改良を施していることが判明した（図11）。この工法を掘込地業とよぶ。

そして、版築の積み上げが旧地表を越えて高さが地上一・四メートルに達した時点で、浅い礎石の据付穴を掘っている。礎石を安定させるために、礎石の下に根石（ねいし）とよばれる拳大～人頭大の石を置くことがあるが、金堂ではこれを置かずに、据付穴に直接、礎石を据え、その上にさらに基壇高が一・八メートル（掘込地業底面から三・六メートル）まで版築を施す。

ここが基壇上の歩行面で、厚さ一二センチ程度の凝灰岩製の切石で舗装していたと考えられる。この石を敷石（しきいし）とよぶ。一方、基壇下の地覆石の外側にも石敷きが施されている。これを犬走りとよぶが、犬走り上面からの基壇高は一・八メートルに復元できる。

格式高い基壇外装

一般に、基壇の土の高まりを保護するため、高まりの四周は石や瓦を積みあげて固定する。これを基壇外装（がいそう）あるいは基壇化粧とよぶ。山田寺金堂の基壇外装は、一般的には四周の底部に地覆石とよぶ切石（きりいし）を敷き、その上のところどころに束石（つかいし）とよぶ柱状の角石を立て、その間を羽目石（はめいし）とよぶ板状の石でふさいで、羽目石と束石の上面には葛石（かずらいし）とよぶ厚石をのせる壇正積で、基壇外装のなかで

図 10 ● 金堂全景（北西から）
基壇上面は削平されているものの、基壇の地覆石とその周辺の遺存状況は良好であった。写真奥に原位置を保つ 2 個の礎石がならんで見える。

もっとも格式高い形式である（図12）。

金堂の遺構は西北部を中心に花崗閃緑岩製の地覆石をのこし、そのほかの個所では地覆石の抜取溝を確認した。また北辺西端部分では、地覆石上に凝灰岩製の羽目石がのこっていた。ここでは束石を羽目石と同じ石材から造り出していたことも判明している（図13）。基壇の平面規模は、地覆石の外側で測って東西二一・六メートル、南北一八・五メートルである。

この基壇の四面には階段が突出する。基壇の土を削って階段の版築を積み直し、基壇地覆石を連続させて最下段の階段踏石としている。西面階段の北側面には階段の羽目石が残存し、獅子の前脚とみられる彫刻が施されていた（図14）。現存する寺院あるいは日本の寺院遺跡ではほかに例がなく、石材加工技術の高さを示している。

基壇地覆石の四周一・六メートル幅には石敷きによる犬走りを設けている（図15）。縁辺に見切石を立て、その内部に層状の摂理をもつ、いわゆる榛原石（流紋岩質溶結凝灰岩）を、長さ四〇～九〇センチ、高さ二〇～二五センチ、厚さ五～一〇

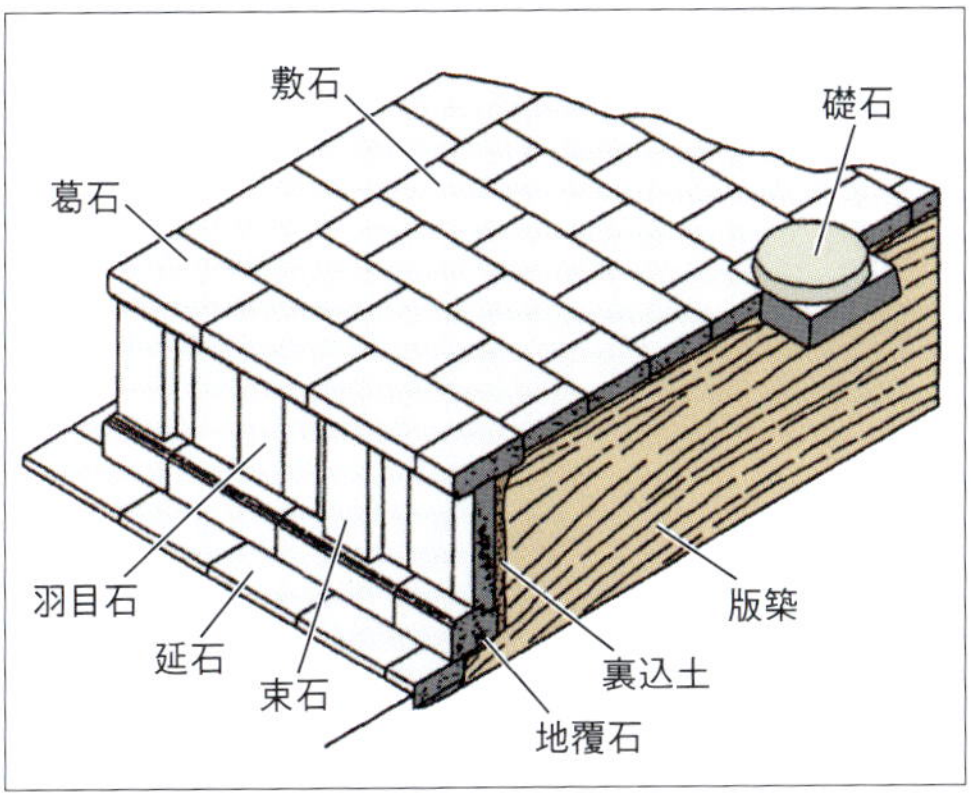

図12 ● 一般的な壇正積基壇の模式図
金堂の基壇外装は、延石がないこと、地覆石の形状、地覆石と羽目石の接合部（仕口）など、細部は異なるが、およそこのような基壇の形式に復元できる。

図11 ● 金堂基壇の版築
金堂は掘込地業を施し、非常に精緻な版築で基壇が築成されている。

センチに加工して敷きならべたもので、四面の階段部分もほぼ同幅で突出する。

金堂の平面

では、この基壇の上にどのような金堂が建っていたのだろうか。

基壇上面に原位置を保ってのこる二つの礎石と、また礎石の据付穴から金堂の柱配置が判明する。それは桁行三間×梁行二間の身舎の四周に廂をめぐらす平面である。ただし廂も身舎と同じ柱配置で、桁行三間×梁行二間とする（図16・上段中央）。

身舎の柱間寸法は、桁行の中央間が四・八四メートル（一六尺）、両脇間が一・九七メートル（六・五尺）。梁行は二・八七メートル（九・五尺）等間。廂は全体の長さが、桁行一四・五

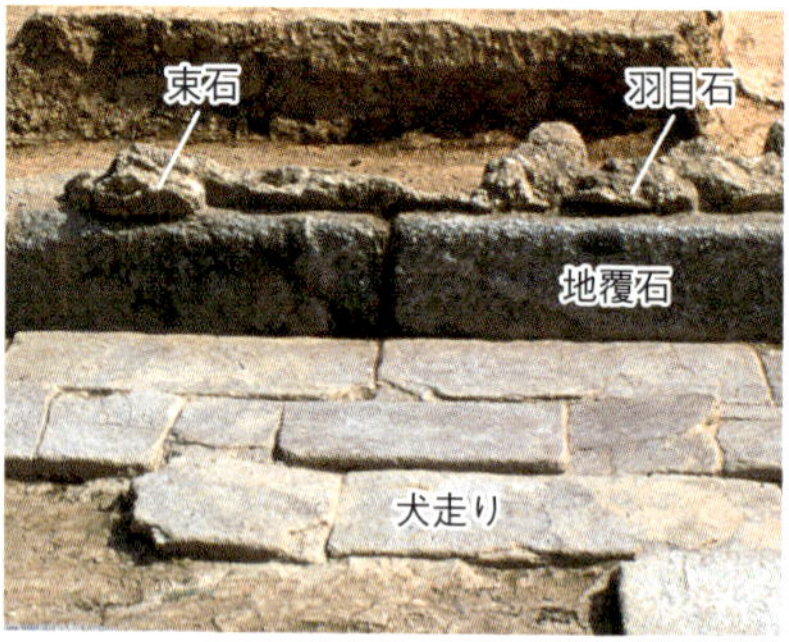

図 13 ● **金堂基壇地覆石と羽目石・束石**
部分的に凝灰岩製の羽目石が遺存していたが、ここから束石は羽目石から造り出していることが判明した。

図 15 ● **金堂西面の犬走り**
金堂の基壇周囲には板石を敷き込んだ犬走りがめぐり、階段部分も階段に合わせて突出している。

図 14 ● **金堂西面階段羽目石の獅子の彫刻**
中央に彫られているのが前脚で、左下部分の解釈には後ろ脚と翼の２説がある。石材加工技術の高さをうかがわせる。

メートル（四八尺）、梁行一一・五メートル（三八尺）で、桁行が一六尺等間、梁行が一九尺等間と考えられる。

金堂の地覆石（この地覆石は基壇外装の地覆石とは異なり、礎石のあいだに入れて壁を受ける地覆の下に敷く石材である）には、幅三四〜三六センチの地覆座を造り出した上に、方形のホゾ穴を二・五センチほど凹ませるものがある。廂の柱間寸法が大きくなるために間柱(まばしら)を受けたものと考えられる。また壁画のある壁土片が出土した（図17）。高温で焼けたらしく、科学分析でも顔料の遺存に関する情報は得られなかったが、金堂内部に壁画が描かれていた可能性が大きい。

特異な平面の解釈

さて、身舎が桁行三間×梁行二間で四周に廂をまわす場合、建物全体では桁行五間×梁行四間となるのが一般的である（図16・上段右）。しかし、山田寺金堂の場合、身舎の桁行両脇間を狭くして、身舎の柱筋の延長上に廂の柱を立てず、身舎・廂とも桁行三間×梁行二間とする

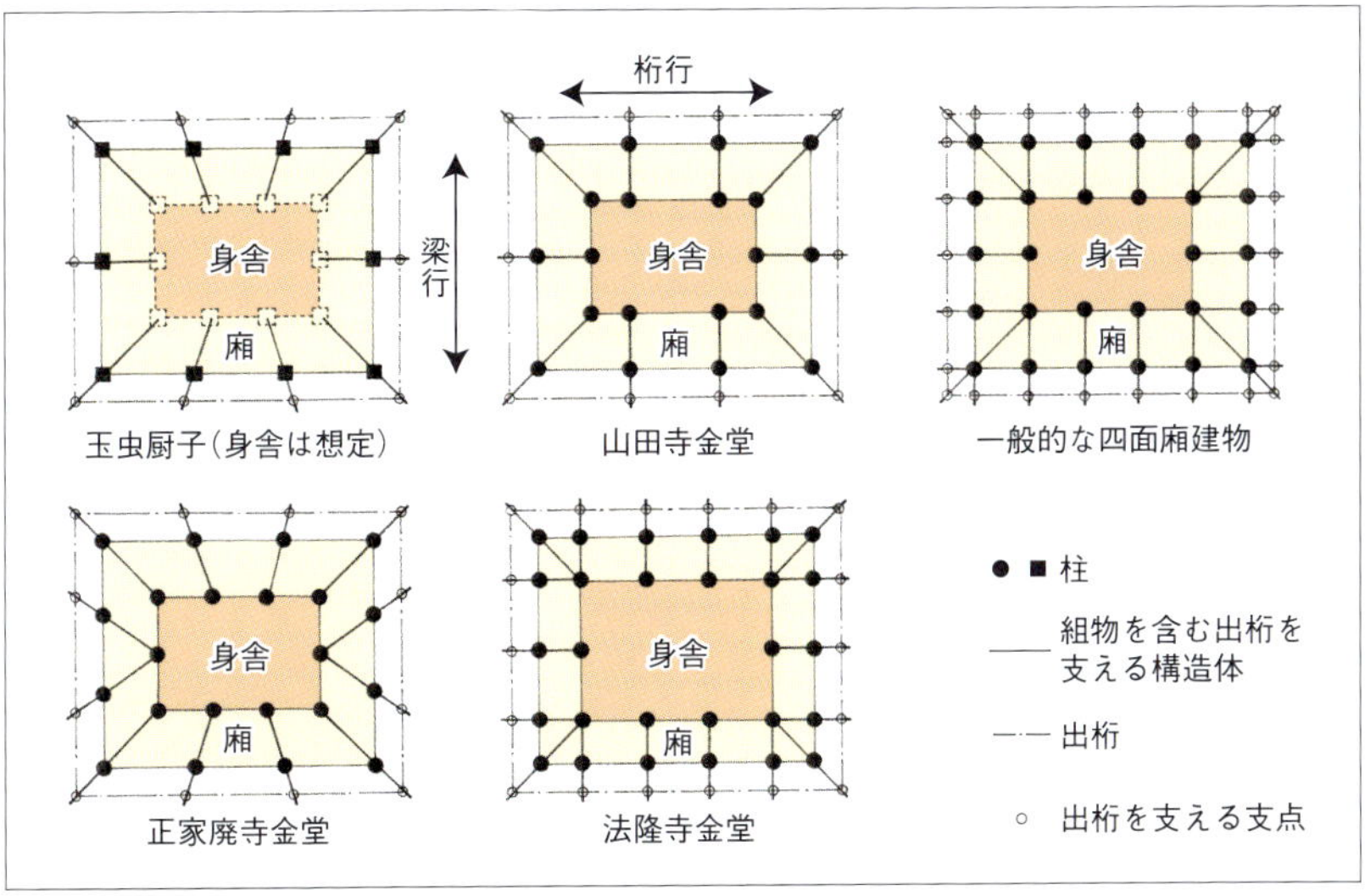

図 16 ● **金堂の柱配置と上部構造の比較**
特異な平面をもつ山田寺の金堂の上部構造想定図。なぜこのような柱配置をとらなければならなかったかが課題である。

点が特異である。

　護国寺本『諸寺縁起集』は、山田寺の金堂について「一間四面」と記す。桁行三間の外観であれば、間面記法（身舎桁行柱間数と身舎の何面に廂を設けるかで表現する平安時代以降の平面表記法。身舎梁行は通常二間なので表現しない）にのっとれば、身舎桁行が一間と解釈したことによるのであろう。

　護国寺本『諸寺縁起集』では、橘寺の金堂もやはり「一間四面」と記しており、そのほか発掘遺構で同様な平面をもつものに、三重県名張市の夏見廃寺金堂（七世紀末）、滋賀県大津市の穴太廃寺再建金堂（七世紀後半）がある。

　こうした柱配置をもつ建物の上部構造については、七世紀後期〜八世紀初頭に建てられた法隆寺西院の金堂・五重塔・中門が参考事例とされた（図16・下段中央）。これらの建物では、隅柱上から出る組物が隅行四五度方向のみで、以後の建物では建物各面に直交（あるいは平行）方向と隅行方向の三方に組物が出るものとは異なって、古式を示すと考えられたからである。

　さらに法隆寺に現存する玉虫厨子（図16・上段左）では、正背面の組物が放射状に配されており、これと類似する平面をもつ遺構が、岐阜県恵那市の正家廃寺金堂（八世紀中頃）で確認されている（図16・下段左）。

　このように山田寺金堂のような柱配置は、七世紀の建築を考えるうえで、法隆寺と通じる貴

図 17 ● **金堂壁画片**
9.0×6.8cm、厚さ4.2cm。モチーフは不明だが、この小片によって金堂内部には壁画が描かれていた可能性が大きい。

重な事例と考えられたのであった。しかし、この後、奇しくもこの山田寺で、倒壊したままの状態で発見された東面回廊の様式は、法隆寺西院回廊の様式とは異なっていた。つまり、七世紀の建築様式が多様であることが明らかとなったのである。このため、必ずしも法隆寺金堂と平面形式が一致しない山田寺金堂についても、その意味と上部構造を、さらに考究する必要が生じてきた。

なぜ山田寺金堂のような柱配置をとらなければならなかったのか、という問いにたいしては、安置仏の形態・規模・配置などがその要因とする説、これに加えて二重の構造を支持するためという説がある。護国寺本『諸寺縁起集』によると、山田寺金堂の安置仏は、丈六の中尊とその左右に三尺の金銀立像、これとは別に七尺の立像があるという。これらを身舎内に納める必要があるため、身舎を大きくとらなければならなかった可能性はある。

また同書には、山田寺の金堂が「二重」とあって、重層の建築であったことは明らかである。身舎の桁行総長二九尺は、身舎梁行柱間九・五尺の約三倍にあたる。つまり身舎の桁行：梁行の規模は三：二の比例となり、下重側まわり（廂正面一六尺等間）と同様、上重は桁行、梁行とも九・五尺程度の等間と想定することができる。

この場合、隅行方向の部材内端部が正背面柱筋と棟通りとの交点にかかって、二重目が構造的に安定するのではないか、との考え方である。なるほど、身舎の梁行総長十九尺は廂の梁行総長三八尺の半分であり、魅力的な説だが、夏見廃寺や穴太廃寺では山田寺ほど整合的に説明できず、さらに検討が必要である。

3 塔

塔の基壇

塔の遺構は、土壇が残るものの、上面は削平され、地下式心礎（しんそ）と西北隅の四天柱（してんばしら）の礎石のみが残存していた。また、このほか六個の礎石据付穴を確認した（図18）。

心礎とは、塔の中心に立つ心柱を据える礎石である。八世紀になると、基壇の上面に据えられるようになるが、七世紀代には掘込地業の底面や版築中で、心礎の上面が基壇の上面よりも低く据えられる場合が多い。これを地下式心礎とよぶ。

心柱の周囲をかこむ四本の柱を四天柱といい、さらにその外側に柱筋をそろえて一二本の側柱（がわばしら）でかこうのが日本の塔の一般的な平面であり、山田寺の塔もこの形式である（図19）。

基壇は金堂の最終整地を切り込んでいて、深さ約八〇センチの掘込地業（南北約一四・五メート

図 18 ● **塔跡全景**（南から）
基壇上は削平を受け、基壇の地覆石も抜き取られている。四周の犬走りも金堂とは石材が異なり、遺存状態もよくない。

ル、東西一五・七メートル）を施し、底部から版築をおこなっている。地表から五〇センチ前後の高さに達した時点で、深さ約七〇センチの心礎据付穴を掘って心礎を据え、心柱を立ててその周囲を粘土で固めながらさらに版築を積み足している。基壇の高さが一・五メートルに達した時点で、深さ二〇センチ程度の礎石据付穴を掘って礎石を据え、さらに基壇の上面まで厚さ約三〇センチの版築をおこなっている（図20参照）。

基壇の外には二層程度の整地土があるが、足場の穴が掘込地業をこわし、これらの整地土の下でみつかっている。したがって足場は塔建立時のもので、整地は塔の建物完工後のものであることがわかる。基壇外装は基壇土や整地土を切り込んでおり、四面の階段も同様に基壇土や整地土を削ったのち、階段部分の版築をおこなっている。階段の版築に凝灰岩片を含むことから、基壇外装の設置とともに階段部分が施工されたらしい。

基壇の周囲には、基壇を構築したのちに、金堂同様の犬走りの敷石、（幅一・四七メートル）が施されているが、

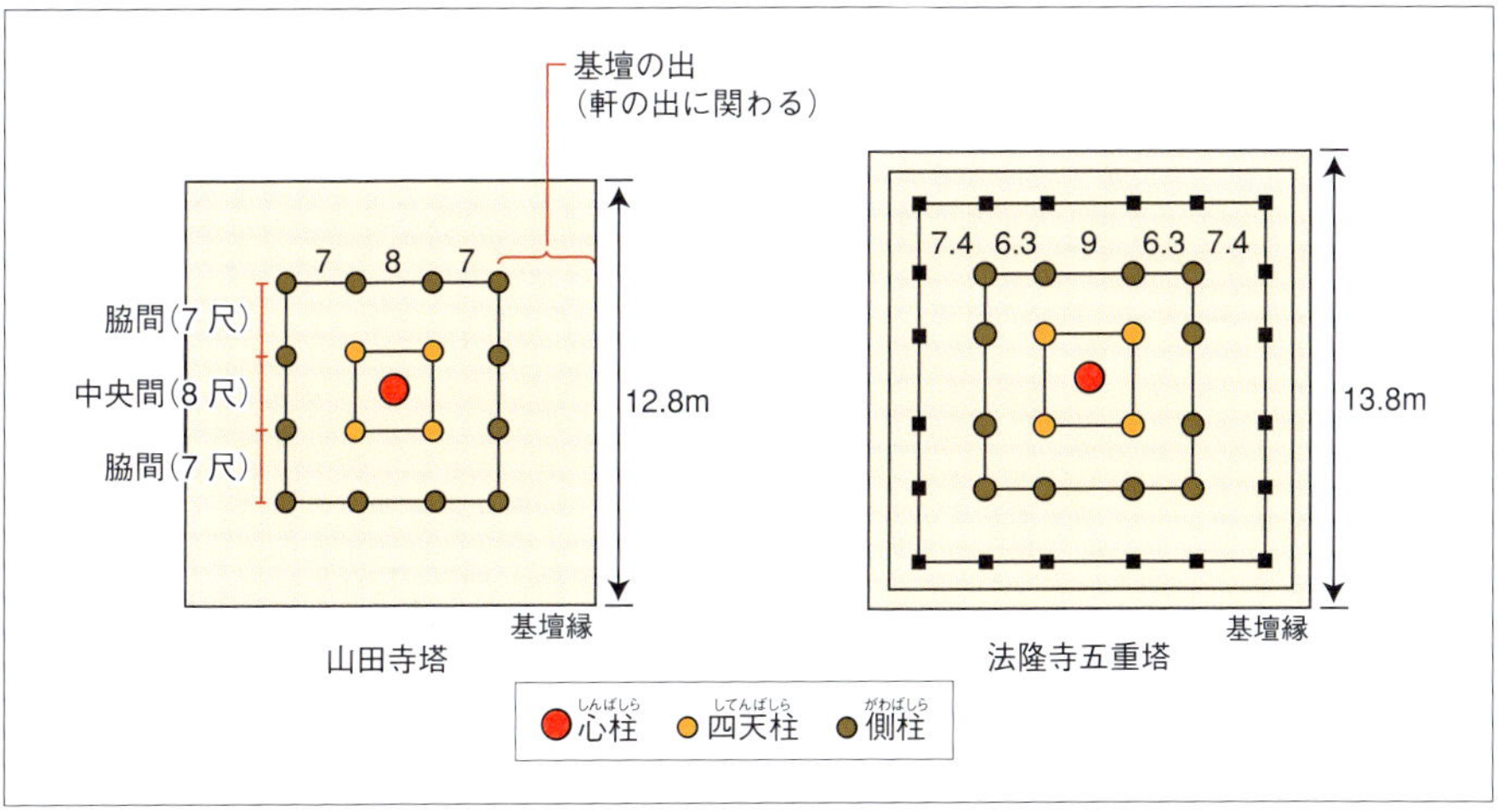

図 19 ● 山田寺と法隆寺の塔の平面比較
いずれも心柱、四天柱、側柱からなる平面をもつが、法隆寺はさらにその外側に裳階の柱筋をめぐらせる。また、法隆寺では、中央の柱間が広く、その両脇が 7 割程度と差が大きいのに対し、山田寺では中央間と両脇間の差が小さく、山田寺の方が一般的な塔の平面をもつ。

金堂と異なって階段部分は突出せず石質も砂岩系の石である点が異なる。このためか塔周囲の石敷きの遺存状態はよくない。基壇の地覆石はのこっておらず、その抜取溝から基壇規模が知られた。

このようにしてできた基壇は東西・南北とも約一二・八メートル、周囲の犬走りから四天柱上面までの高さは約一・八メートルであり、これは階段の勾配を四五度と仮定した場合の基壇高とほぼ符合する。塔の建物は方三間で、中央間（四天柱間）が二・三八メートル（八尺）、両端間は側柱の礎石据付穴が削平を受けているため明確でないが、二メートル程度であり、これを七尺とすれば、全体で六・五三メートル（二二尺）となる（図19）。

図20 ● 塔心礎

いわゆる地下式心礎で、上面に舎利孔がある。下面には柱座があり、転用されたものらしい。舎利孔は2段で、上段30cm、深さ3cm、下段23cm、深さ15cm。

心礎と舎利孔

心礎は南北一・七二メートル、東西推定一・八〇メートル、厚さ〇・八四メートルの花崗岩である。上面を平滑に加工したうえ、中央に円形の舎利孔（しゃりこう）がうがたれている（図20）。

舎利孔とは、舎利（釈迦の骨）をガラスの容器などに入れて納める穴を指す。残念ながら山田寺の塔跡は盗掘を受けており、舎利や舎利容器などは発見されていない。ただし、舎利孔内には赤色顔料がのこっていた。

この心礎には、下面に直径約一メートルの円柱座（えんちゅうざ）、つまり柱を据えるための円形の造り出しがあることから、当初は別の用途で使おうとしたものらしい。

先述したように、金堂は正背面の身舎の両端間が狭く、法隆寺金堂に通じる隅行方向のみの組物が想定された。しかし塔は、法隆寺五重塔が中央間二・六八メートル（九尺）、両脇間一・八七メートル（六・三尺）と、やはり両脇間を三尺弱程度狭くとるのに対して、山田寺は両脇間をあまり狭くとらない、塔としては一般的な平面をもっている。（図19参照）

4　中門と回廊

削られてしまった中門

中門が建っていたところは水田となっていて、周囲より低く、中門の遺構は、厚さ一五センチの基壇土とみられる土が、東西約五メートル、南北約二メートルの範囲で確認できたにすぎない。また足場の遺構とみられる東西四基の掘立柱列が二列みつかっている。

中門の両側に接続する南面回廊の遺構も削平を受けているが、南面回廊東部の遺構から回廊の柱位置は確定できるため、これらの状況から、中門の桁行は三〇尺程度と推定される。梁行は二間もしくは三間の可能性がある。基壇規模は東西一四メートル前後、南北一〇～一二メートル程度と考えられる。

倒れたままのこっていた回廊

回廊の建物の具体像については次章で述べることにして、遺存状況と全体規模、および基壇や礎石などについてみておこう。

東面回廊と南面および北面回廊の東部は廃絶時の基壇がそのまま残っていたが、西面回廊と南面および北面回廊の西部は、基壇とともに礎石の痕跡も大部分が削平されていた。

一一世紀前半に、東方からの土砂の流入により東面回廊は倒壊して埋没するが（図21）、埋没時には礎石が沈下し、自然石一石を立てならべた基壇外装も、倒れたりずれたりしている個所があって、やや傷んでいたことがわかる（図22）。回廊の基壇幅は、石組の外側間で六・四メートル前後を測る。

図21 ● 東面回廊部材・瓦の出土状況（第5次調査・南から）
ここから、東面回廊の南端部が倒壊したときの状況が判明する。図23は、撮影方向が逆だが、部材や瓦を除去したのちの写真。

単廊の回廊

一般的に、回廊には梁行一間の単廊と、梁行二間の複廊がある。連子窓などによる間仕切りは、単廊の場合は伽藍内外二列の柱筋のうち外側の柱筋に、複廊の場合は伽藍内外と中央の三列の柱筋のうち、中央の柱筋に設けられるのが通例である。

そして、このような間仕切りは、柱間下部に地覆という木材を入れて上部の壁を受け、さらにこの地覆を受けるために、礎石間に地覆石とよぶ石材をならべる（この地覆石は基壇外装の地覆石とは異なる）。礎石や地覆石は、柱を受けるため上面を四角や円形の柱の形に彫り出したり、地覆を受けるために上面を四角く彫り出したりすることがあり、これらを柱座（はしらざ）や地覆座（じふくざ）などとよんでいる。

山田寺の回廊はいずれも単廊で（図23）、東面回廊は南北両端の南面および北面回廊と共有

図 22 ● **東面回廊東の基壇石組**（第５次調査・北東から）
東方から土砂が流入したときの基壇の状態がわかる。基壇の石が一部ずれたり、倒れたりしている。

図 23 ● **東面回廊と基壇**（第５次調査・北から）
東面回廊南端部。埋没時には東の柱筋（写真左側）の地覆石が抜き取られ、石や瓦などが詰め込まれていた。

する柱間を含めれば、全体で二三間におよぶ。

西面回廊も同規模であろう。同様に数えると、北面回廊は二二間、南面回廊は、中央に金堂南方に開く中門が建つため、中門の両脇に一〇間ずつという規模とみられる。

柱間寸法は、桁行・梁行とも三・七八メートル（一二・五尺）を基本とし、北面回廊の中央二間は桁行が約四・五メートル（一五尺）等間で、北門と想定される。

扉口の石材

東面中央間および北面東端間には扉口の痕跡がある（図24）。ここから、東西および南北に対称の位置となる南・北面回廊の両端間、および西面回廊の中央間も扉口であろう。

遺存状態のよい東面回廊中央間の扉口をみると、礎石に造り出した地覆座（幅二五センチ）よりも、礎石間の地覆石三石では、地覆座内側（伽藍内方）を張り出させて幅三二センチとし、両端の地覆石に、径八・〇センチ、深さ五・五センチの扉の軸摺穴（じくずりあな）をうがっている。軸摺穴とは、文字どおり、回転する扉の軸を受ける穴のこと。軸摺穴間の心々間距離は一九八センチで、扉一枚の幅は一〇二センチに復元できる。北側の軸摺穴には、扉に付ける軸を保護する金具と、地覆石に設けた扉軸

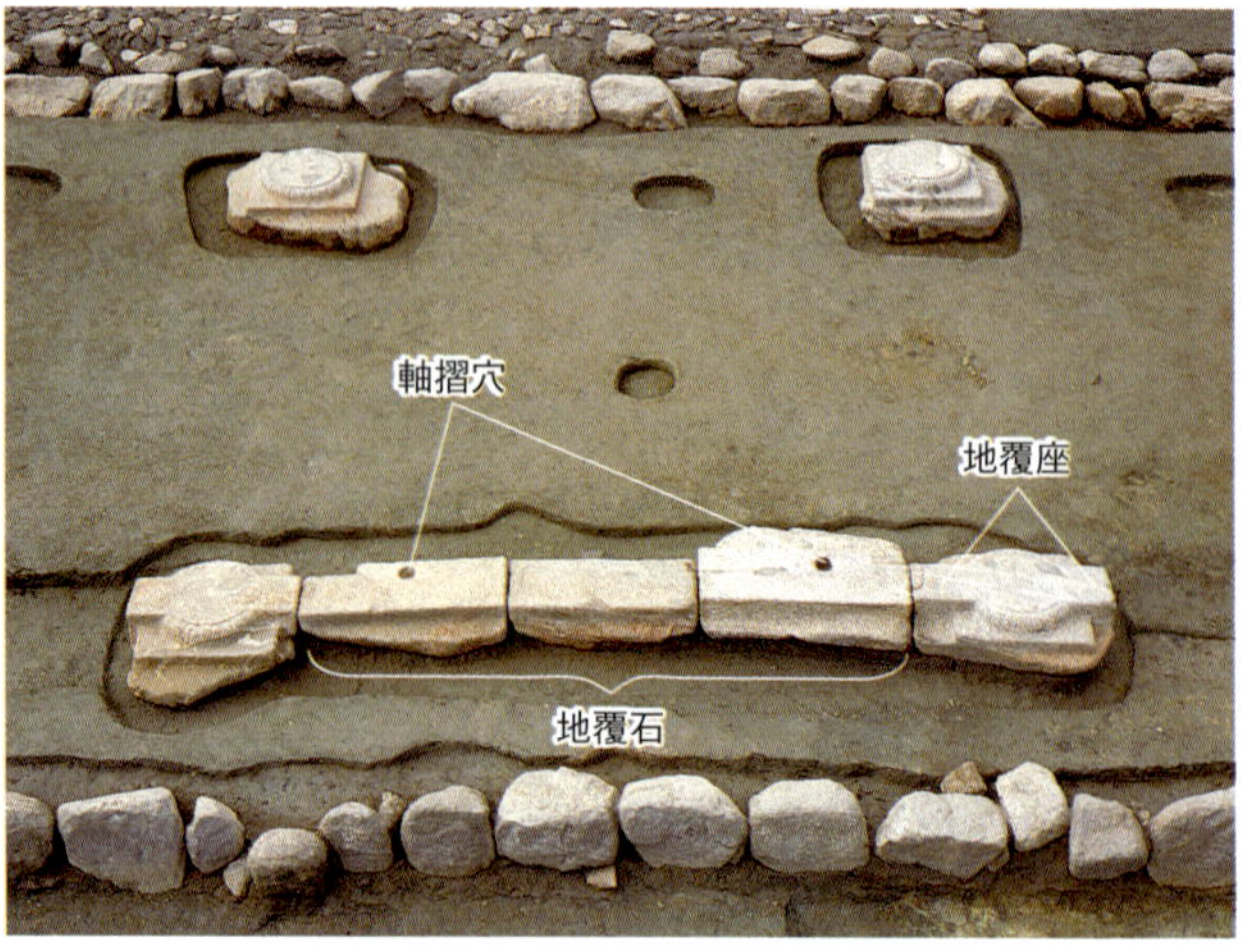

図24 ● **東面回廊中央の扉口**（第6次調査・東から）
扉の入る柱間は、地覆石の幅を広げ、地覆石に、直接、扉の軸摺穴をうがつめずらしい技法を用いている。

を受ける金具の双方がのこっていた。

地覆石や礎石に軸摺穴をうがつ技法は、山田寺では後述する講堂や南門にもみえるが、現存する古代建築には例がなく、瀬戸内や北部九州に点在する七世紀後半のいわゆる古代山城に多く見いだせることから、源流は大陸にあるらしい。後述する礎石の蓮弁彫刻や金堂前の燈籠（とうろう）の彫刻とあわせて石材加工技術の高さを示す一例にあげていいだろう。

蓮華文が彫刻された礎石

回廊の基壇は、掘込地業をおこなわず、地山（じやま）の残る部分は地山を削って版築を施し、谷部にあたる部分は谷を埋めた整地土の上に版築をおこなっている。

地山上もしくは版築の途中で礎石を据え、さらに版築を積み足して基壇を築成していた。外装は基壇土を一部削りとり、花崗岩を中心とする自然石を一石立てならべて、高さ三五センチほどの基壇としている。

礎石は花崗閃緑岩製で、上面に平均一辺六五センチ、高さ六・六センチの方座（ほうざ）と、その上に下径平均六〇センチ、高さ七センチの蓮華座（れんげざ）を造り出し、この側面に単弁十二弁の蓮華

図25 ●**南面回廊の礎石**
連子窓が入る外側の柱筋の礎石で、地覆座を造り出しており、円柱座の立ち上がり部分には蓮弁を彫刻している。

文を彫刻している（図25）。上面は直径四二センチ、高さ一センチの円柱座を彫り出している。回廊外側の柱筋にあたる礎石には、さらに地覆を受ける地覆座を造り出している。蓮弁をもつ礎石は、日本では藤田美術館所蔵の山田寺金堂所用といわれる礎石があるほかは、古代に類例がなく、高い石材加工技術を示している。

回廊では改修の痕跡も明らかになっている。外側柱筋の地覆石の大半を抜き取り、瓦や礫を入れる改修を一〇世紀頃におこなっている（図23参照）。回廊の東北隅と東南隅は床張りとし、北面および南面回廊の東部四〜五間を仕切っていたことが判明した。建物の維持・管理や回廊使用法の変容を知る資料として貴重である。

このほか回廊に関する遺構としては、東面回廊の北から二間目と南面回廊の東から二間目に、回廊内の雨水を排水する暗渠（あんきょ）がある。

5　回廊内の荘厳

礼拝石

回廊内には主要堂塔のほかに、礼拝石（らいはいせき）と燈籠を金堂前に設けていた（図26）。礼拝石は、金堂南面階段の犬走りのすぐ外側にある流紋岩質溶結凝灰岩（いわゆる竜山石）製の板石で、東西二・四メートル、南北一・二メートル、厚さ一八センチの大きさである。

金堂前に礼拝石を備える事例は、法隆寺金堂のほか大阪市の四天王寺や大阪府柏原市の鳥坂（とさか）

寺にあるが、これほど大きく整ったものはない。蘇我倉山田石川麻呂は、この礼拝石に座してその最期を迎えたのであろうか。

燈籠

礼拝石の三メートルほど南には、灯明をともす燈籠の遺構がある。一辺一・九メートルの方形の壇のなかに燈籠最下部の基礎をのこしている。周囲からは、火袋と笠の破片が出土した。竿と中台、宝珠などの各部は出土しておらず、形状は不明だが、図28のように全体を復元できる。きわめて高度な石材加工技術を擁して製作されたもので、回廊礎石の蓮華文の彫刻などとともに創建当初のものであろう。

通常、基礎部分は大きな一石からなるが、山田寺の場合は、竿を受ける台石と、これをおおって蓮華文を彫刻した台座の二材からなるのが特徴である。

図26 ● **金堂前の礼拝石と燈籠**（南から）
金堂南方の犬走りに接して礼拝石の板石を置き、さらにその南方を四角く囲んだなかに、燈籠の台座がのこっていた。

火袋は上下二段に分かれ、下段は土台と柱、壁を一石から造り出し、壁面中央下寄りに逆ハート形の猪目をうがっている（図27）。復元すると差し渡し五七センチの八角形平面で、高さは三〇センチほどとなる。上段火袋はやはり一石から連子窓の隙間をくり抜いたもので、八角の各面に連子子を三本ずつ配する。笠の破片は断片のため全体は明確でないが、やはり一石から照りむくり（＝S字曲線）のある八角形宝形造の屋根と、屋根の頂部から八角の各頂点へ降る隅棟、軒先を造り出し、内部をドームのように凸字形にくり抜いているらしい。

幢幡を立てた遺構など

このほか回廊内庭部では、儀式用の旗である幢幡を立てたとみられる穴や、瓦製土管を立てた遺構などが、塔の下層、金堂や塔の東西で複数みつかっている。また、一石を円筒状にくり抜

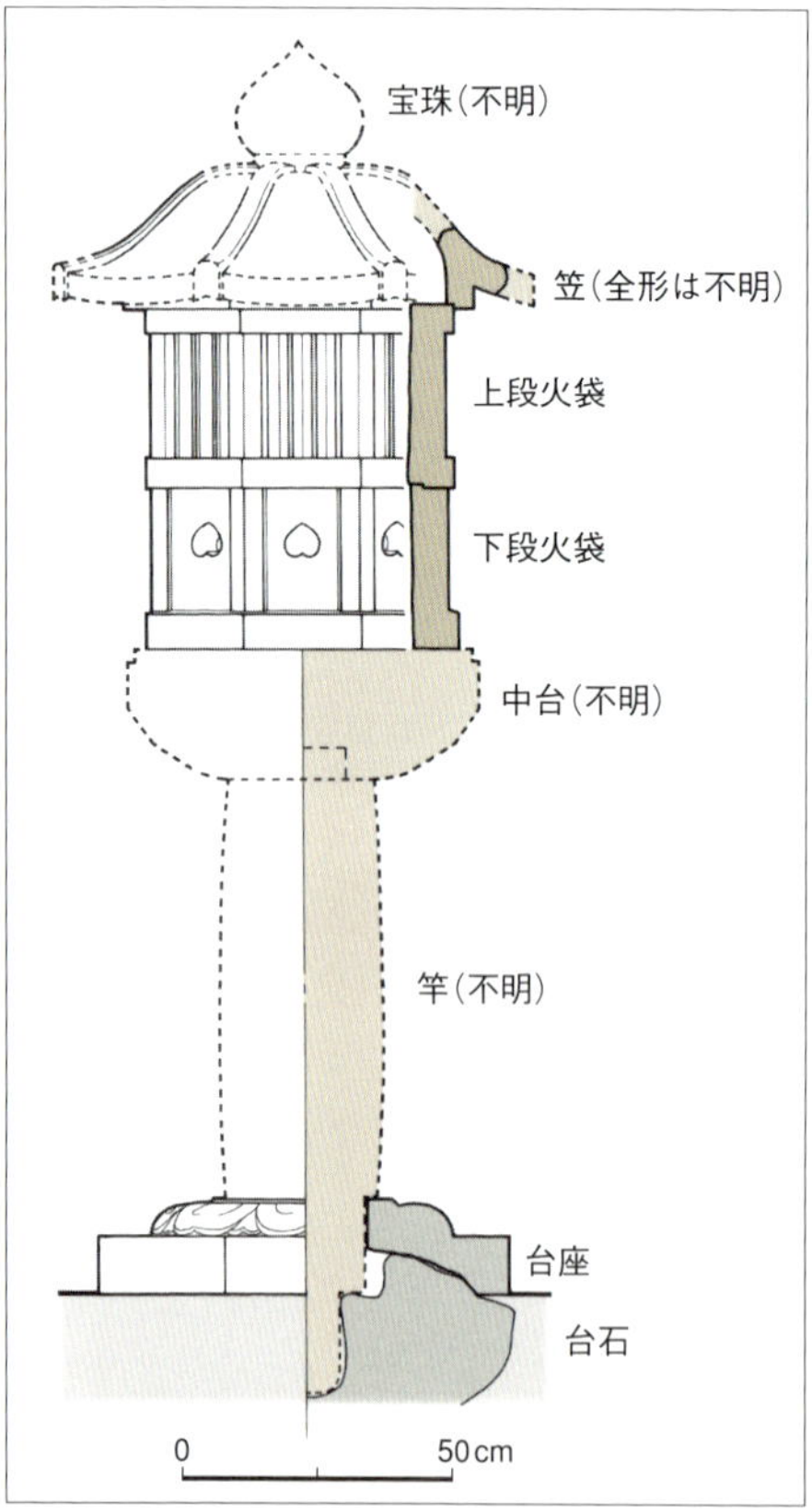

図28 ● 燈籠の復元図
宝珠は平城京出土の瓦製擬宝珠を、竿は当麻寺石燈籠のほか、渤海上京龍泉府第1寺址の石燈籠などを参考に復元した。

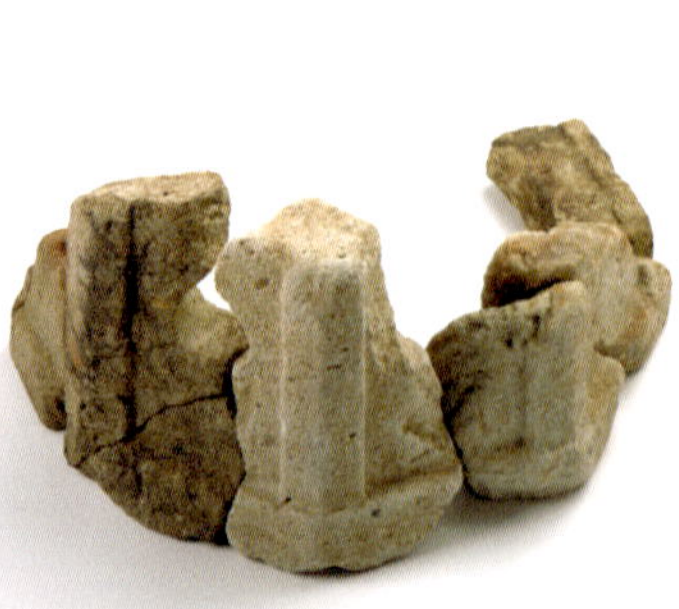

図27 ● 出土した燈籠の下段火袋
断片を接合したもの。一石の内部をくり抜き、土台・柱などを造り出す高度な石材加工技術がうかがえる。

いた石製品（内径二〇センチ前後、長さ五五センチ）なども出土し、回廊内の荘厳に用いられたと推定される。

中門から塔へは幅一・五メートルの参道があり（図18参照）、八世紀半ば頃には回廊内全体を瓦敷きとし、さらに一〇世紀にはバラス敷きを施していた。

6　南門と大垣

南門

つぎに回廊の外側をみていこう。

創建期の南門は掘立柱で桁行三間の棟門（むなもん）（中央間三・二メートル：十一尺、両脇間二・五メートル：八・五尺。柱が直接、屋根頂部の棟を支持する構造の門）であった。そして、天武朝の造営によって、礎石建ちで桁行三間、梁行二間の門に建て替えられた。

柱間寸法は桁行が二・九七メートル（十尺）等間、梁行が二・五三メートル（八・五尺）等間で、六個の礎石がのこっている（図29）。棟通りの礎石にはいずれも扉の軸摺穴がうがたれており、棟通りのすべての柱間に扉を備えるめずらしい形式であることが判明した。

基壇は厚さ一〇センチ、高さ二〇センチ、長さ三〇〜六〇センチの板石を立てた簡単なもので、東西一一・二メートル、南北七・七メートルである。

南側柱の礎石のみ上径六〇センチ、高さ二〜三センチの柱座（柱がのる部分の突出）を造り出している。棟通り中央間の東側にあたる礎石には、軸摺穴（径一二センチ前後、深さ五～七センチ）が二つうがたれているが、その距離が約四四センチで、南側柱と同径の柱を立てると、これらの軸摺穴が使えなくなってしまう（図30）。

棟通り四本の親柱、その前後の八本の控柱からなる八脚門では、柱径を同程度とするのが通例であり（図31）、山田寺の南門はきわめて特異な形式となる。このため鈴木嘉吉氏は、棟通りを角断面のやや細い柱と解釈し、建物全体では桁行三間、梁行一間で、中央通りの柱は、扉を立てこむための補助的な柱（方立）と推定した。

日本には類例がないが、韓国高麗時代（九一八～一三九二年）の江陵客舎門（図32）がこの形式で、朝鮮半島からもたらされた可能性がある。

なお、各柱間が扉口となるから、仁王像などがあったとすれば中門に置かれていたことになる。

図29 ● 南門とその南の石組溝（東から）
南門は桁行3間、梁行2間の東西棟で、東半に礎石をのこす。その南には東西方向の石組溝が通り、南門中央間部分では橋脚がみつかった。

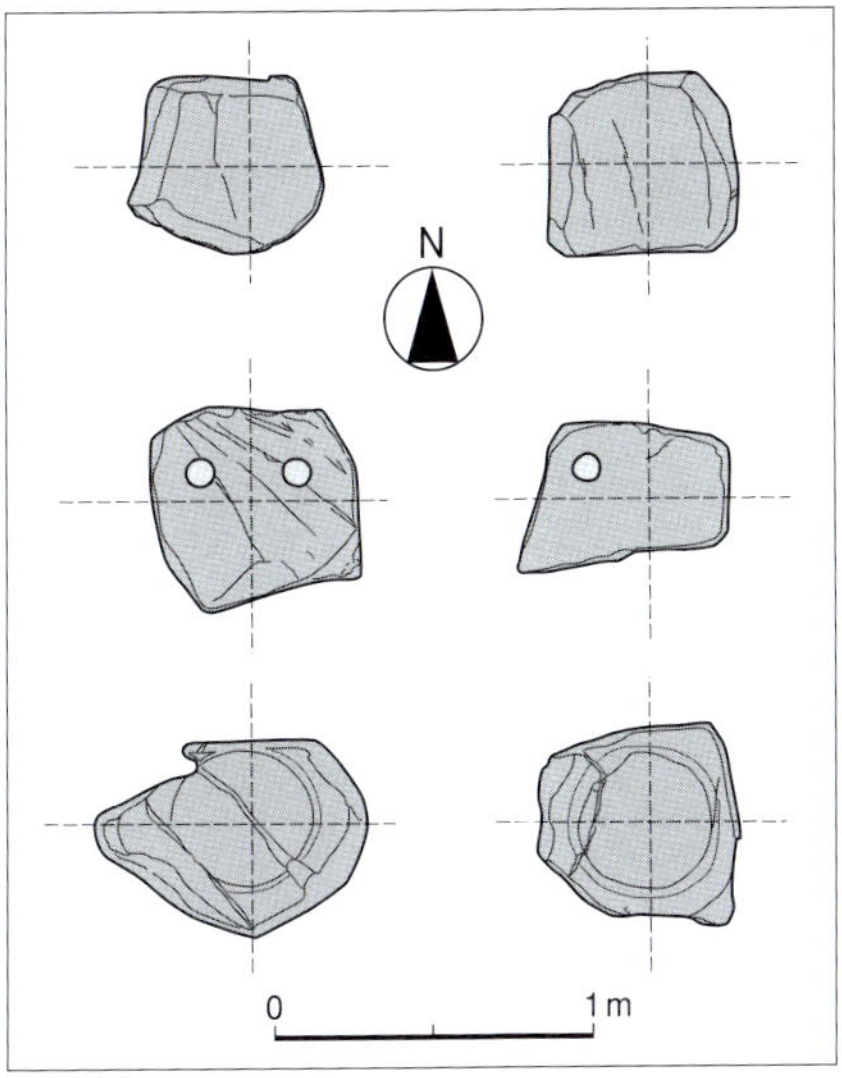

図 30 ● **南門礎石の集成**
南門の礎石 6 個を、位置関係を変えずに集成した図。南側柱列（図の下列）には円柱座を残すが、ここから推定される柱径では、棟通り（図の天地中央）の礎石におさまらない。

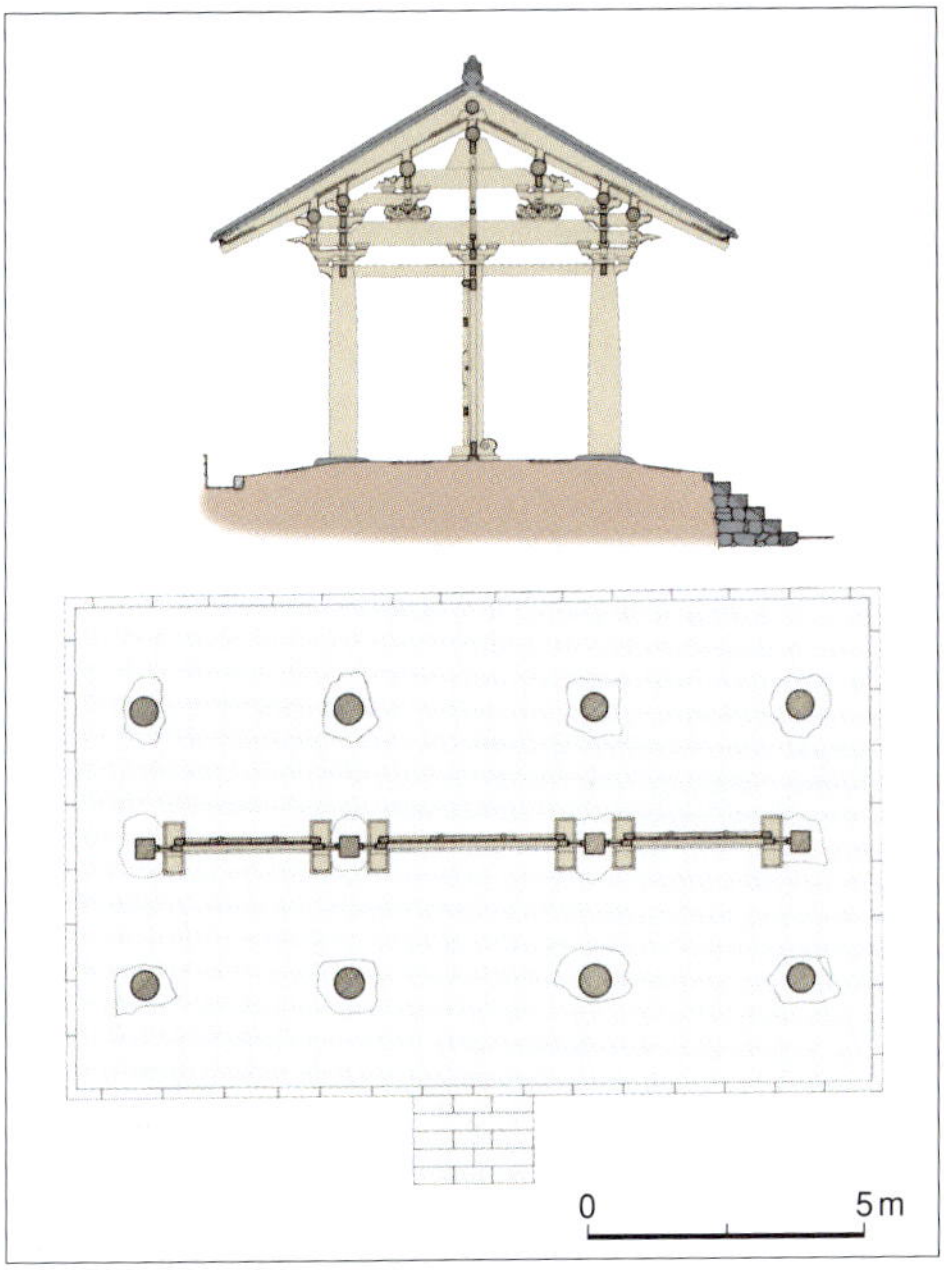

図 32 ● **江陵客舎門の平面・断面図**
棟通りの柱（平面図の天地中央）が角柱で、側柱（上列と下列）よりもやや細い。礎石の配置は八脚門と同様だが梁行 1 間の構造。

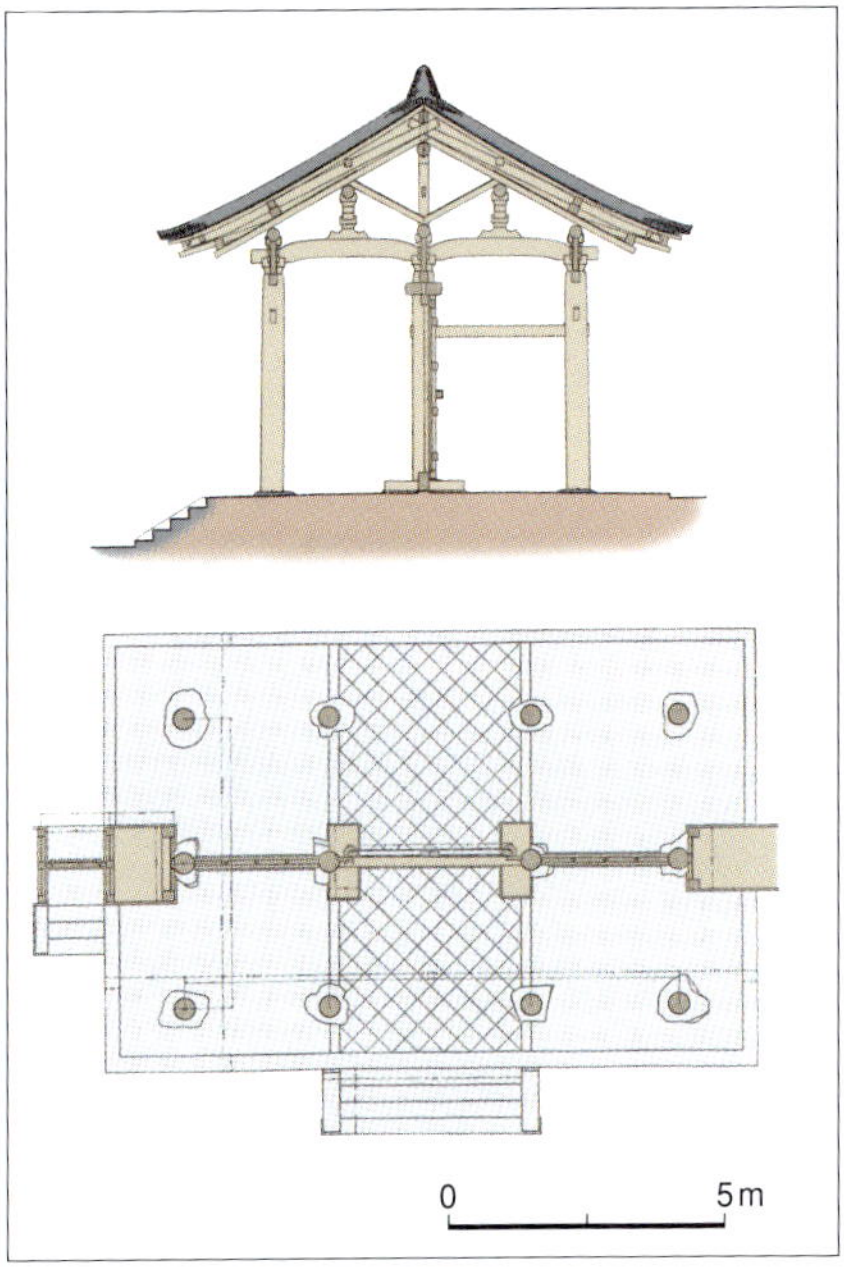

図 31 ● **法隆寺東大門の平面・断面図**
日本古代の八脚門の一般的な事例。棟通りの柱（平面図の天地中央）は側柱（上列と下列）とほぼ同径の円柱とする。

大垣

南門に接続する大垣は、創建当初および天武朝のものが基壇をもつ掘立柱塀、すなわち基壇上に掘立柱を立ててこの間に壁を入れる塀（図33）である。柱間寸法は、南面・東面・北面が二・三五メートル（八尺）等間、西面が二・二三メートル（七・五尺）等間で、通用門や隅部などで柱間を調整している。一〇世紀前半には、少なくとも東面大垣が倒壊し、底部の幅が一・二メートル（四尺）の築地塀（壁の厚みがある土塀）に造り替えている。

南門および南面大垣の南には、この周辺の雨水を流す主要な排水溝が新旧二時期あり、新しい時期には南門付近のみ護岸を石積みとしている。また南門の前および南面大垣の東西端近くには、それぞれ木橋の遺構があり（図34）、大垣に開く通用門が設けられたと推定される。この排水溝から南門までは玉石敷きの参道で、南門から中門までは玉石を見切りとする幅二・四メートルの参道が、それぞれみつかっている。

図33 ● **東面築地と大垣**（西から）
築地塀の下層に掘立柱塀の痕跡があり（写真右）、10世紀前半に掘立柱塀から築地塀に改修されたらしい。

図34 ● **南門南の石組溝と橋脚**
石組溝の内側に橋脚の柱根が6本みえる。これに先行する溝と橋脚の遺構もある。

7　宝蔵

東面回廊の東北隅の東方に、桁行三間、梁行三間の礎石建ちの総柱建物がみつかっている。柱間寸法は南北（桁行）二・〇〇メートル（六・五五尺）、東西（梁行）一・六六メートル（五・五尺）で、南北棟の建物と考えられる（図35）。

このような碁盤目状の方眼の交点すべてに柱を立てる総柱式の平面をもつ建物は、現存する正倉院正倉や唐招提寺の宝蔵・経蔵のような倉の建築に用いられるもので、周囲から銅板五尊像、仏具、経軸、経典の出納にかかわる木簡などが出土したことから、宝蔵の遺構と推定された。

報告書では、断面が三角形の部材を組み合わせた高床の校倉造と推定しているが、第八次調査の発掘日誌によると、基壇上には壁土風の灰黄色土が散乱していたとのことであり、校倉の

図35 ● **宝蔵と東面回廊**（南東から）
手前の基壇外装のない礎石建物が宝蔵で、
奥に東面回廊の北端部がみえる。

校木（あぜき）などがまったく出土しないことも考慮すると、法隆寺綱封蔵（こうふうぞう）のような壁土を塗った高床の土蔵だった可能性もある。東面回廊とともに倒壊したらしく、屋根の部材も出土している。

宝蔵の礎石は上面を平らにした自然石で、回廊の礎石のような柱座の造り出しはない。礎石に柱の当たり痕跡が見られ、柱径は三四～三九センチと判明した。遺構は基壇土から出土した土器から九世紀中頃のものとみられ、礎石に据え直しの痕跡が認められた。

一方、出土瓦は天武朝のものであることから、宝蔵の創建は天武朝で、九世紀中頃に規模を踏襲して建て替えたか、建物自体はそのまま再用したとみられる。

創建の基壇は掘込地業をおこなわず、改修にあたっては創建の基壇土をほぼ除去して、新たに積み直したらしい。基壇外装も確認できておらず、建物部分を一五センチほど高める程度の低い基壇だったようで、礎石の一メートルほど外に雨落溝が設けられている。

8　講堂

桁行八間の講堂

講堂は、現在の山田寺境内になっている部分で、礎石やそれに連なる地覆石が露出しており（図36）、発掘調査でも東端の一部を確認したにとどまる。基壇は掘込地業を施さず、平坦にした砂礫層の地山面あるいは整地土面に直接版築をおこない、二〇～三〇センチ積んだ段階で礎石の据付穴を掘って礎石を据えている。

基壇外装は地表では確認できないが、東端部で基壇外装最下部にあたる地覆石の抜取溝を確認した。花崗岩製の地覆石と凝灰岩製の羽目石・葛石をもちいた壇正積の基壇だったらしい。基壇は全長が東西三七・一一メートル、南北一八・八五メートル、高さが五〇〜七〇センチと推定される。

礎石はいずれも花崗閃緑岩の自然石で、上面と、地覆石（これは基壇外装の地覆石でなく、金堂や回廊のところで述べた礎石間に置く石材をさす）に接する面を加工している。建物外周の側柱の礎石は、上面に一辺一メートル前後、高さ五〜八センチの方座を、その上に下径八〇〜九〇センチ、上径七〇〜七五センチ、高さ一一〜一二センチの円柱座を造り出している。回廊のような蓮華座はない。南辺の礎石には地覆座がないが、北辺および西辺の礎石には幅三八センチの地覆座を造り出しており、礎石間の地覆石には礎石とほぼ同幅の地覆座を備えている。建物内部（身舎）の礎石は原位置を保って二石遺存

図36 ● **講堂北側柱列の礎石と地覆石列**（北西より）
現在の山田寺観音堂の周囲で地上に露出しており、
扉の軸摺穴をうがった地覆石をみることができる。

しており、これよりやや大形である。

回廊同様、側柱の地覆石には扉の軸摺穴がうがたれており、北面西から四間目、東面南端間、南面西から一、二、六間目が扉口だったことがわかる。東西対称として扉口を復元すると、南面中央の二間を扉口と仮定すれば、中央の六間が外両開き、両端間が外片開き、東西面の正面一間目が外片開き、北面の中央二間が外両開きとなる（図37）。

以上のような遺構や遺存状態から、講堂は桁行八間、梁行四間で、28ページで述べた間面記法を用いて記述すれば、桁行六間、梁行二間の身舎の四周に廂をめぐらせた六間四面となる。建物総長は桁行三二・六九メートル（一一一尺）、梁行一四・四三メートル（四九尺）である。柱間寸法は基準尺がややばらつくが、平均二九・四五センチとすれば、身舎桁行六間が一五尺等間、身舎梁行二間が一四尺等間、四周の廂の柱間が一〇・五尺と考えられる。

両本尊の形式か

このように、講堂は桁行が偶数間になる。桁行規模が奇数間

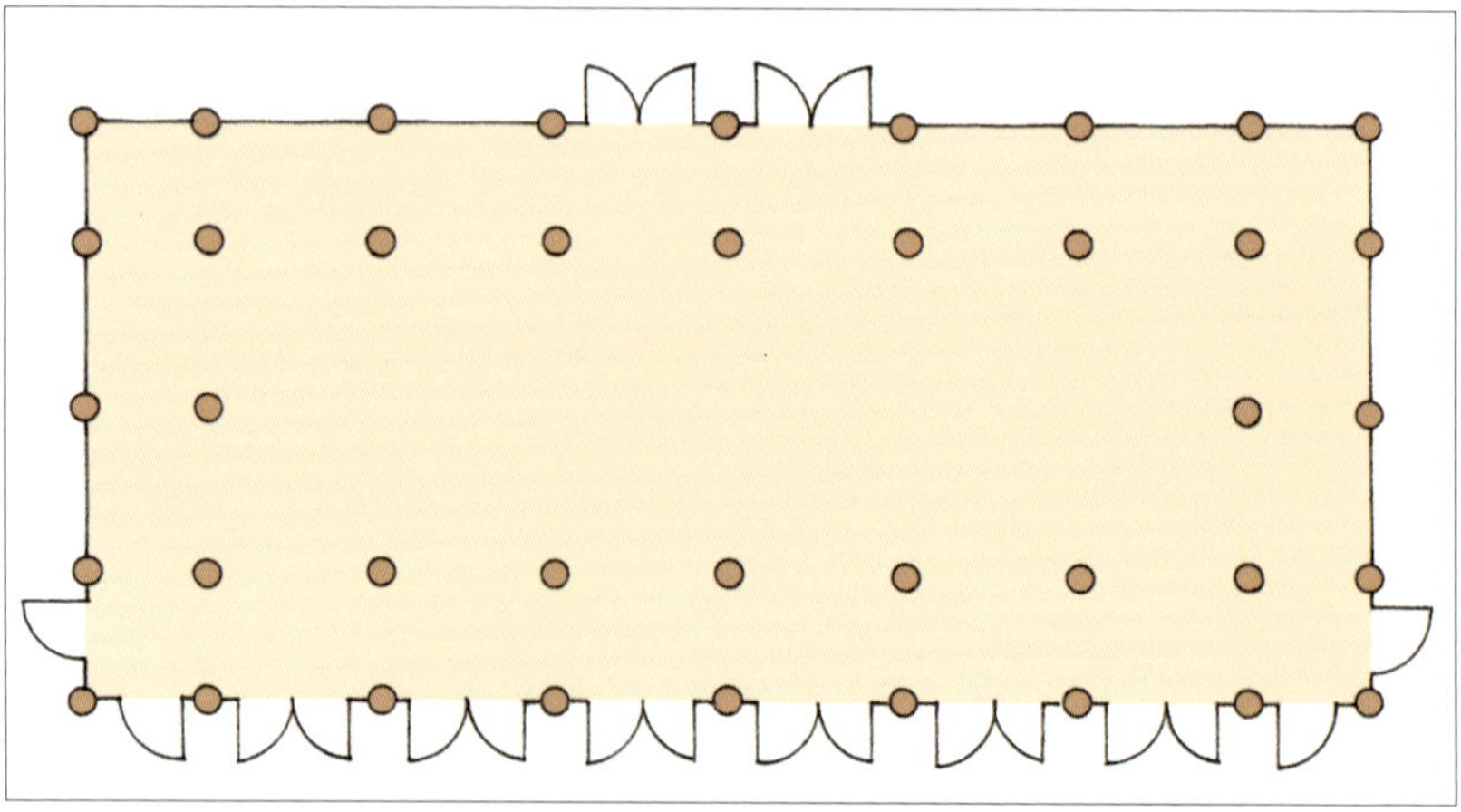

図37 ● 講堂の平面模式図
発掘成果と地表観察から推定される講堂は、正面がすべて扉口となり、正面両端間と側面前端間が片開きの扉となる異例の平面をもつ。

であれば、本尊は中央に違和感なく置かれるが、偶数間だと中心に柱が立ち、上部の梁などに本尊の光背がかかってしまう可能性がある。

護国寺本『諸寺縁起集』には、講堂には、丈六の十一面観音と、丈六の薬師三尊が書き上げられており、先述したように、このうち薬師三尊は『上宮聖徳法王帝説』にみえる六八五年（天武一四）に開眼した「丈六仏」とみられる。十一面観音の製作年代は不明なものの、中央の二間あるいは身舎桁行六間を左右三間ずつに分けた中央間にこの二尊が安置され、両本尊の形式をとっていたものであろう。

このような桁行偶数間の講堂は、飛鳥寺（奈良県明日香村、七世紀前半）、四天王寺（大阪市、八世紀前半）、北野廃寺（愛知県岡崎市、七世紀後半）、多賀城廃寺（宮城県多賀城市、八世紀前半）など類例はいくつかあるものの、日本ではめずらしい形式である。現存する法隆寺大講堂（九九〇年）も、現状は桁行九間に改造されているが、当初は桁行八間であったことがわかっている。

これらの例のなかで、本尊やその安置形態が判明する例はなく、山田寺講堂はきわめて貴重な例と言わなければならない。韓国においては、統一新羅の感恩寺（六八二年完工）と仏国寺（七五一年創建）の講堂が桁行八間、皇龍寺の第二次伽藍（五七四〜六四五）の講堂は、桁行一〇間であることが知られており、大陸の影響も考慮すべきだろう。また現存する古代の主要堂塔には見られない、片開きの扉をもつ確実な例としても貴重である。

第3章　奇偉荘厳の建築部材

1　姿をあらわした回廊

回廊の遺構が倒壊した状態のまま多量の建築部材をのこしていたことは、山田寺の数奇な運命の第三幕ともいえる。

倒壊した状態で確認された回廊は、東面回廊の南半部と南面回廊の東端部で、なかでも東面回廊の南から九～一一間の残存状況が良好であった（図38）。東側柱筋（がわばしらすじ）の柱や連子窓（れんじまど）、腰壁（こしかべ）などがほぼ完存していたのである。南から四～六間では、平瓦（ひらがわら）が葺かれた状態のまま落下しており（図39）、その下からも建築部材が出土したが、遺存状態はよくなかった。また桁（けた）より上の梁（はり）や叉首（さす）、垂木（たるき）はほとんど出土せず、出土したものも遺存状態が悪い。

総体的にみると、旧地形を埋めて造成した、もとの谷筋に当たる場所の遺存状態がよく、まさにばったりと倒れて、当時の基壇上面や地面に部材が密着したものが、かろうじてその姿を保ってきたようだ。

なお、山田寺の発掘調査で出土した建築部材の数は、約二二〇〇点にのぼる。そのうち東面回廊が一四〇〇点ほど、南面回廊が七〇〇点ほど、宝蔵が二〇点ほど、東面大垣付近が転用材も含めて一〇点ほどである。金堂あるいは塔のものとみられる大型焼損部材も数点あるが、部位が判明しない。

2　回廊の建築とその技法

柱と連子窓

先述のように、回廊は単廊（たんろう）という形式である。円柱でエンタシス（胴張り）をもち、下端の径が三五センチ、上端の径が三三センチで、下から約七〇センチの腰長押（こしなげし）付近でもっとも太く、三八センチ程度である。伽藍内側の柱筋は壁などが入らず列柱が続き、この柱筋には頭貫（かしらぬき）と桁の間にも壁を入れるための下地材である間渡穴（まわたしあな）（後述）などの痕跡がない。

外側柱筋の構造は、柱間（はしらま）下部の地覆石（じふくいし）上に地覆を置き、地覆上に腰壁束（こしかべつか）を二本立てて柱間の腰壁を三区に分け、この上部では柱をはさむように前後から腰長押を釘打ちして柱同士をつないでいる（図40）。

腰長押の上は、柱頂部をつなぐ頭貫との間に連子窓を組むが、柱に接する部分には小脇壁（こわきかべ）を入れている。このため、柱間の両端部に断面角形の辺付（へんつけ）を、これに接して縦窓枠を立て、また

図 38 ●**倒壊した状態でみつかった東面回廊**（第 6 次調査・東から）
部材がもっともよく残っていた東面回廊の南から 10・11 間目の遺構。
西側にばったりと倒れた様子をうかがうことができる。

縦窓枠と組んで、腰長押上に下窓枠、頭貫下に上窓枠を入れ、この上下の窓枠間に、方形で角を前後に向けた連子子を二〇本並べている。

柱より上の構造

柱より上部はどのような構造であろうか。復元透視図（図41）を見ながら解説しよう。

まず柱の上には大斗を置き、その上に内外の柱筋を結ぶ虹梁を架けわたし、肘木をかませて巻斗三個をのせる（この形式を三斗という）。さらにこの上に角断面の桁をのせ、屋根の斜面を構成する丸断面の垂木を棟から架け降ろす構造になっている。一方、虹梁の中央には人字形の叉首を組んで巻斗を置き、その上に三斗をのせ、角断面の棟木を支持して垂木の頂部を受けている。

垂木の上には、野地板を垂木と直交する方向に張って垂木の間をふさぐ。軒先には断面が三角形の茅負を置いて垂木に釘止めし、平瓦の下面の形状に繰って波

図 39 ● 東面回廊の落下瓦（第5次調査・東から）
屋根に葺かれた状態のまま、原位置をほぼ変えずに落下した瓦によって、瞬時に足下がすくわれて崩壊したことがわかる。

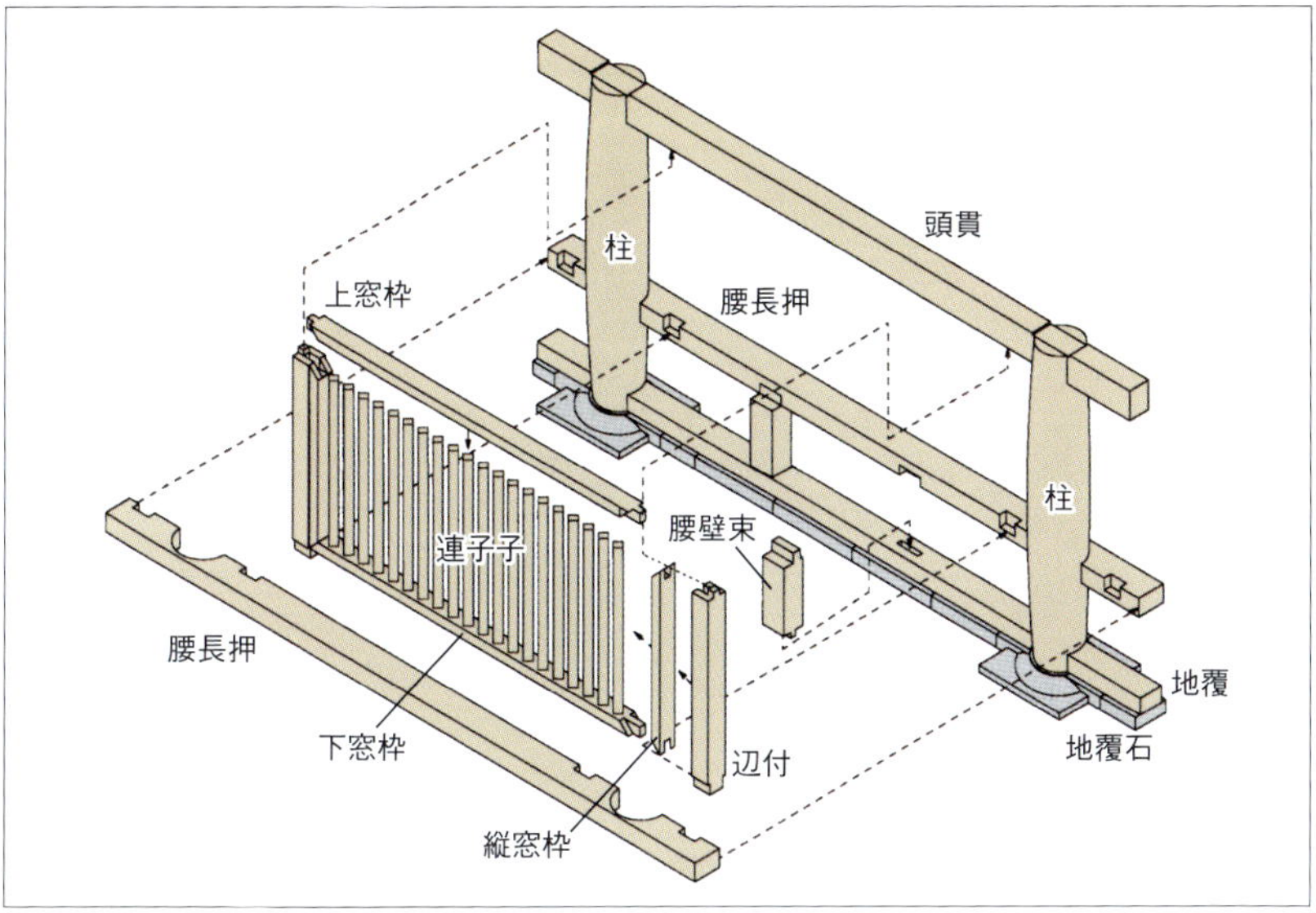

図 40 ● **連子窓の組み立て模式図**
改修によって、腰壁が 3 区だったのを 2 区とし、辺付と縦窓枠を一材で造り、連子子を 23 本とするなどの変更が加えられていた。

図 41 ● **山田寺回廊の復元透視図**
桁や叉首など、実際に出土していない部材もあるが、出土部材に残る痕跡や、現存建築の類例などから、この図のように復元することができた。

形としている。叉首や棟木は出土しておらず、虹梁もやせた断片だが、棟下の叉首を受ける巻斗とその上の肘木や巻斗が出土したことで、具体的な叉首の脚元の開き具合などは不明ながら、復元できた。

壁の構造

また遺存していた壁下地材や部材にのこる下地材用の穴などから、壁の構造を知ることができた。壁は四種類ある。連子窓下の腰壁、連子窓と同じ高さで柱際の小脇壁、連子窓上で組物間に置かれる組物間小壁、組物内部の狭い部分に設けた組物内小壁である。

壁の構造（図42）は、縦方向もしくは横方向にやや太い間渡しを固定し、これと直交する方向にやや細い木舞をしばりつけ、さらにこの木舞と直交する方向（間渡しと同方向）に、先述の木舞とは反対側の面からさらに細い木舞同士をくくりつけ、そして、この木舞と直交する方向（最初の木舞と同方向）に、直前の木舞と反対面から木舞をむすびつけるのである。つまり木舞の配置は、

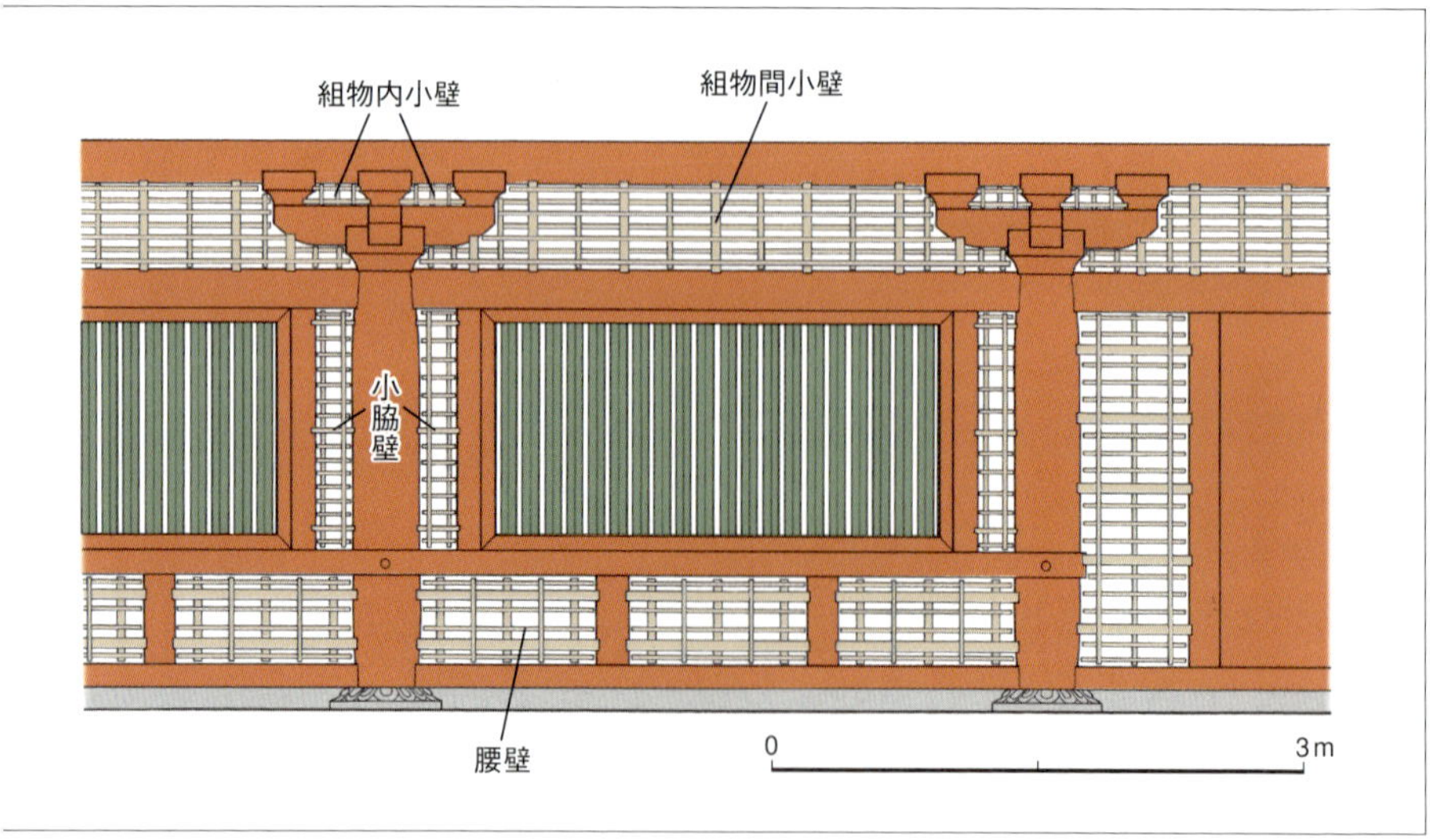

図 42 ● **壁下地材の復元図**
発掘調査で壁材が出土することはしばしばあるが、壁の構造の全容が判明する例はきわめてめずらしい。

直前に固定した材と直交させ、しかも直前の材を取り付けた方向と反対の面からくりつけるのを原則としている。間渡しは、腰壁と小脇壁、組物内小壁では横方向に、組物間小壁では縦方向にわたす。

このような壁の構造は、七世紀末に建立された法隆寺五重塔よりも、これに先行する法隆寺金堂のものときわめて近似している。壁下地の上には、藁の細片などを混ぜて練った土である荒壁（あらかべ）を塗りつけ、その上に白土（はくど）を施す二層構造である。

3　法隆寺西院回廊との比較

どっしりとした山田寺の回廊

つづいて法隆寺西院回廊（七世紀後期）と比較しながら具体的な特徴をみてゆこう（図43）。

柱間の寸法は、山田寺が桁行・梁行とも三七八センチで、法隆寺の三七〇センチとほぼ同規模である。また、地覆上に立つ束で腰壁を三区に分ける点も共通する。

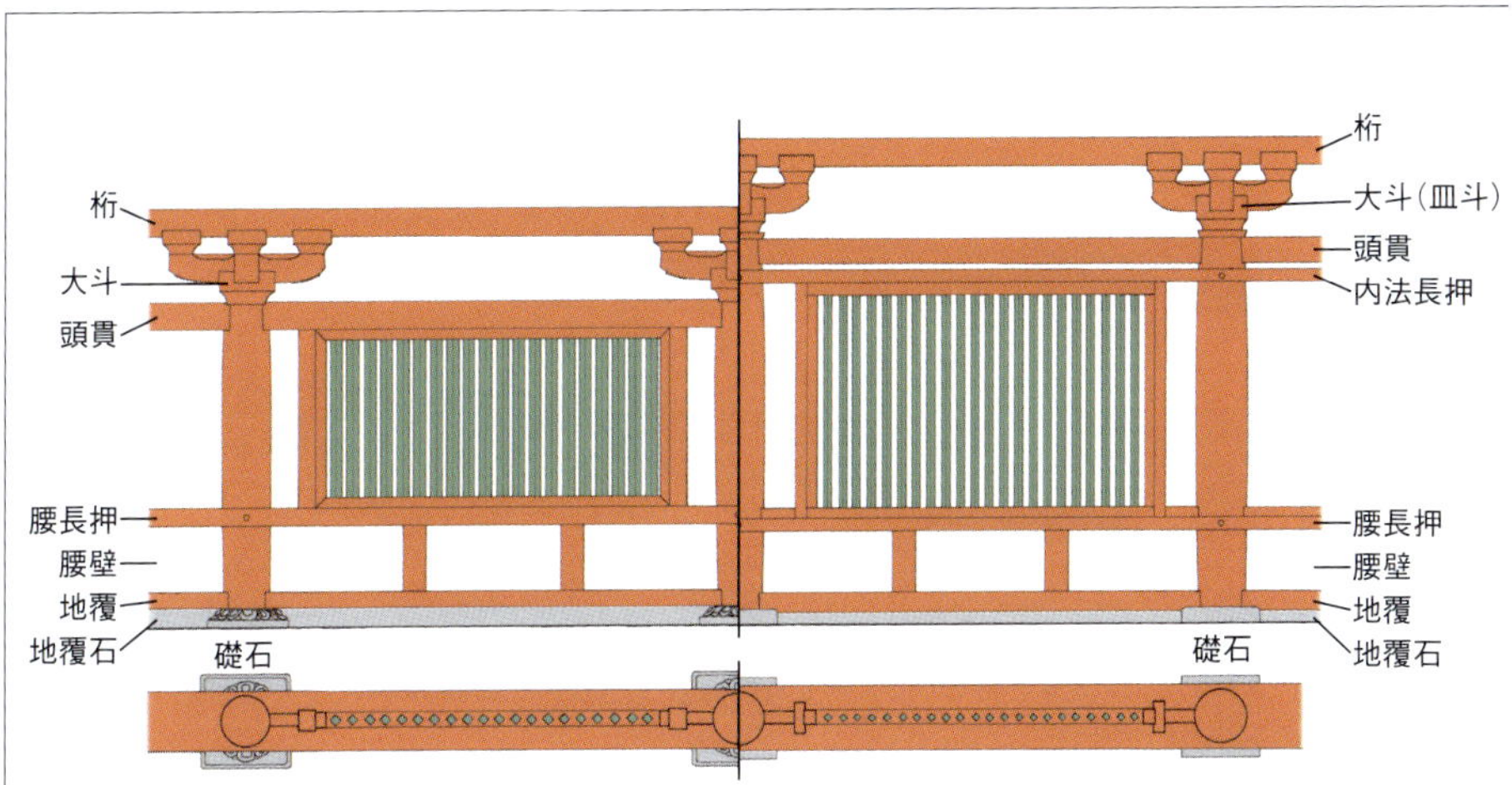

図 43 ●山田寺回廊（左）と法隆寺西院回廊（右）の比較
発掘調査で出土した部材によって、細部に至るまで、現存建築と比較することができる、きわめて貴重な例である。

柱はいずれもエンタシスをもつが、柱高は山田寺が二二六・八センチ、法隆寺が二七五・八センチと山田寺のほうが短く、それによって連子窓の上下幅（内法高）も山田寺のほうが狭い。連子窓の連子子の断面は山田寺のほうが一・八センチ太く、連子子同士の間隔も山田寺のほうが一・〇センチ狭い。腰長押や頭貫、桁といった横材の成（高さ）も山田寺のほうが大きい。つまり、山田寺のほうが立ちが低くて部材も大きく、どっしりとした印象がある。連子窓は太くて間隔が狭いので、回廊内は比較的閉塞的な空間となる。

藁座を使う技法

法隆寺にあって山田寺にない部材に、内法長押（うちのりなげし）と地長押（じなげし）がある。長押とは、柱の天端をつなぐ頭貫のすぐ下にある横材で、法隆寺では連子窓をこの内法長押と腰長押の間につくるが、山田寺では内法長押がないために、頭貫の下端で辺付を受け、上下窓枠および縦窓枠をつくる。

この内法長押は、扉口で扉上部の回転軸を受ける機能をもち、下部はその柱間のみ柱脚部に地長押を入れて扉軸の下部を受けている。一方、山田寺の回廊では、先述したように扉下部は柱間の地覆石にうがった軸摺穴で受け、扉上部の軸は、頭貫に横から釘打ちした藁座（わらざ）という部材で受ける（図44）。

この藁座は、法隆寺五重塔の二重目以上にあり、古代では唯一の現存事例である。扉が内開きのため、五重塔の内部にのぼらないと見ることができないが、この藁座を使う技法が、人目に触れない部分の簡略的手法でなく、確実に存在した技法であることが、山田寺の出土部材で確認できた。藁座は、奈良県明日香村の飛鳥池遺跡出土の雛形部材（厨子のような小建築、あるいは十分の一などの模型の部材）にも用いられており、七世紀代においては一般的な技法だった可能性がある。

組物細部の技法

つぎに柱上の部材をくらべよう。柱頂部は頭貫でつなぐが、山田寺の場合、頭貫上端が柱天とそろわず、頭貫をやや欠き込んで大斗をのせる。山田寺の大斗は、大斗のかたちとしてはごく一般的な形態だが、法隆寺の大斗は皿板を造り出した皿斗（さらと）とよばれる特殊な形態で、これは飛鳥時代の特徴といわれてきた。しかし、山田寺が皿斗としないことで、皿斗は飛鳥時代の一般的な様式ではなかったことがあ

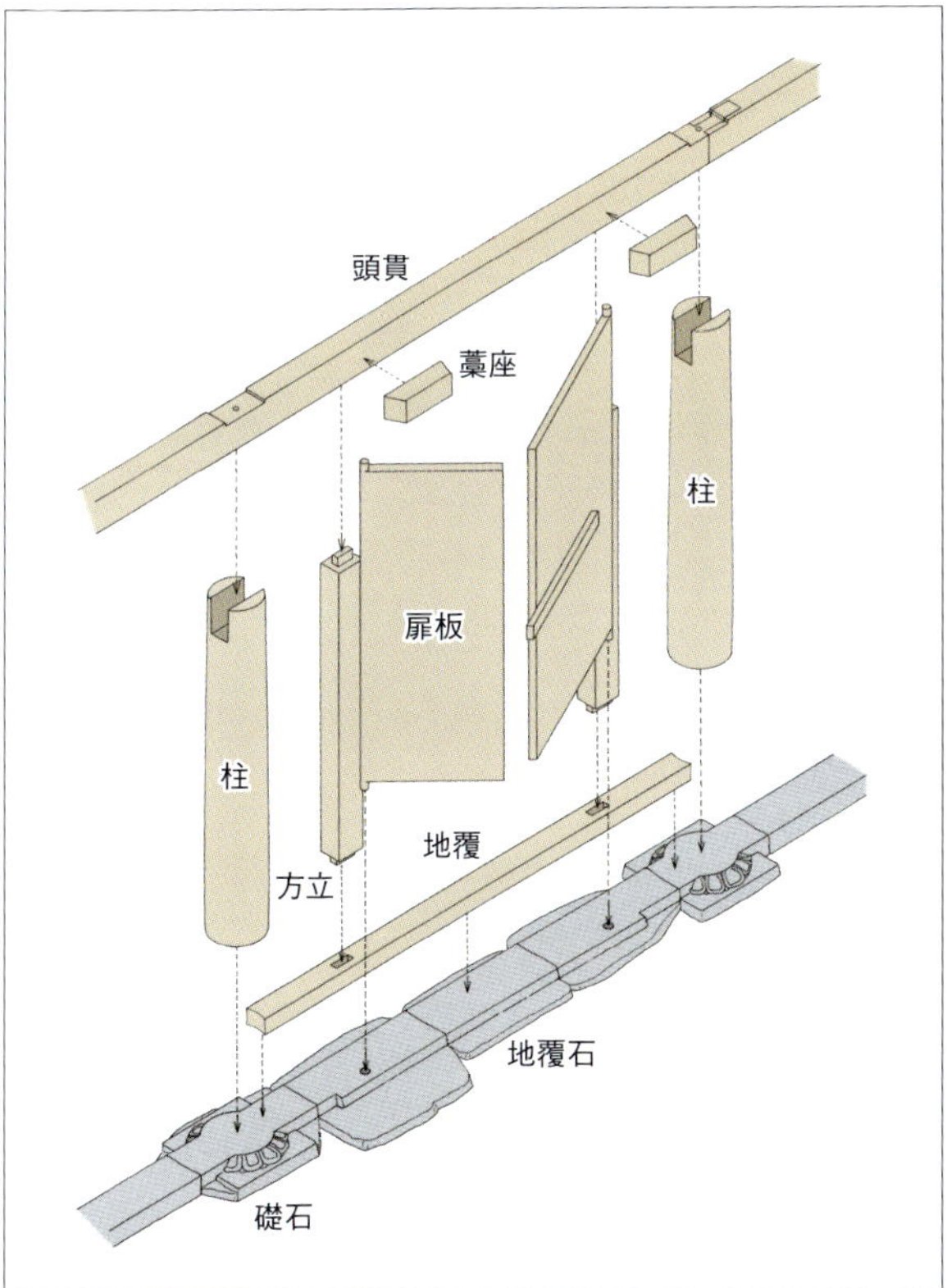

図44 ● 扉部分の構造
扉上部の回転軸を受けるために藁座を用いる技法は、7世紀では一般的だった可能性があるが、奈良〜平安時代にはみられなくなる。

きらかになった。

　さらに、大斗の上にのる天秤状の部材（肘木）は、山田寺が長くのびやかであり、その上にはややつぶれた感じの巻斗を置く。巻斗間の肘木の上面には、笹葉状の切れ込み（笹繰）があり、また肘木側面下部には舌とよばれる小さな突出がある（図45）。笹繰は現存する飛鳥～奈良時代に一般的な様式であり、また舌も奈良時代初期までの建築に用いられていて、その初現は山田寺回廊のつくられた七世紀中頃までさかのぼることが確認できた。

出土回廊の意義

　以上のように、出土した建築部材から、現存する建物と比較できるほど詳細な情報を引き出すことができた。とくに、部材が組み合わさって出土したことにより、部材単独で出土したときにはわかりにくい、木組み（仕口）の細部に至るまで判明したことは、やはり特筆すべきだろう。そのうえ、蘇我倉氏の氏寺という当時第一級の寺院と考えられること、最古の木造建造物である法隆寺西院の建築群に年代が先行することも、その資料的価値を高めている。

　これまで七世紀の建築については、法隆寺金堂や五重塔など、斑鳩地方にあるごくわずかな建物からイメージしてきた。この時代の現存遺構はそれ以外になく、しかもその独特の様式は、

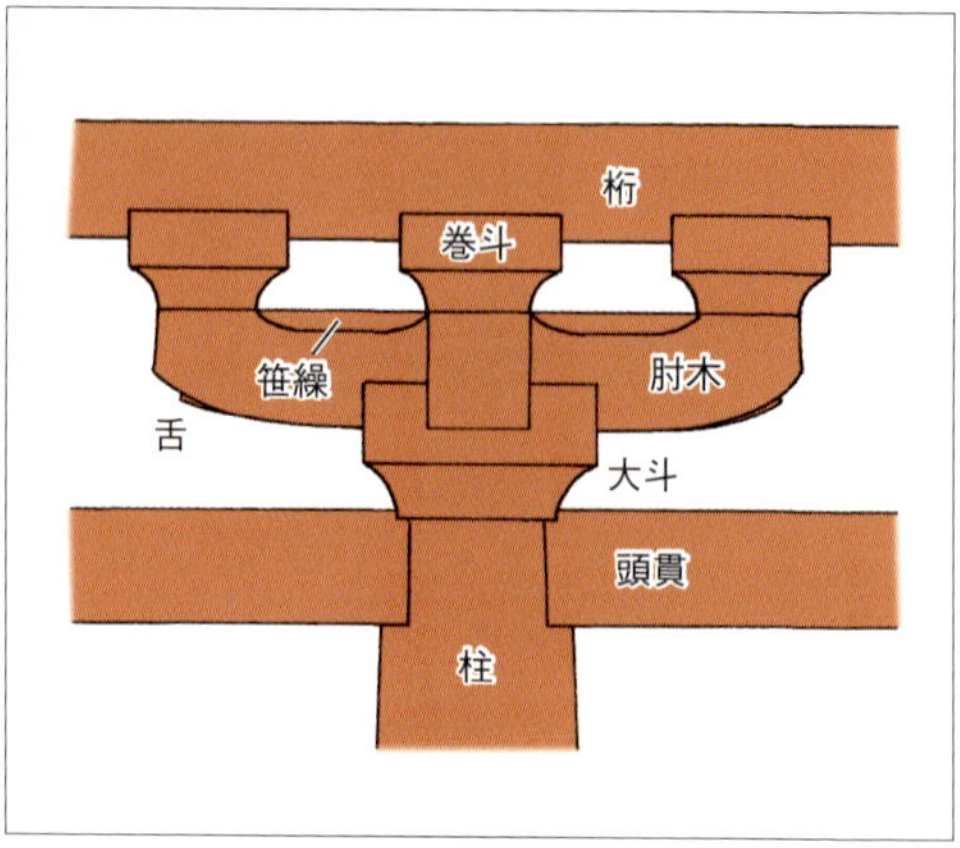

図45 ●組物部分の構造
頭貫上端を柱頂部よりも高く造る技法は、古代の現存建築にはみられず、鎌倉時代の大仏様建築に通じる。

奈良時代に先行するものとしてふさわしいと考えてきたのである。

山田寺回廊の出土部材によって、法隆寺にみえるある様式は、山田寺回廊の時代までさかのぼることが確認でき、また、ある技法は、その時代に普遍的なものではないことが判明した。先述したような法隆寺の回廊との差異は、細かい手法の差にすぎないが、法隆寺の様式とは異なる系統が存在したことを明確に物語るものであって、きわめて重要な意味をもつ。

大陸的な山田寺の建築

ところで、先述した頭貫上端を柱頂部よりも高くする手法や、扉上部の軸を受ける藁座の技法は、古代にはほとんどみられないが、中世の大仏様(だいぶつよう)建築に見ることができる。大仏様とは、鎌倉時代初期の東大寺復興に際し、入宋僧・重源(ちょうげん)が採用した中国直輸入の様式で、現存遺構には東大寺南大門（奈良市、一一九九年）や浄土寺浄土堂（兵庫県小野市、一一九二年）などがある。藁座は、もう一つの中世宋様式である禅宗様(ぜんしゅうよう)建築にもみられ、中世ではめずらしい技法ではない。

このような技法が、奈良・平安時代に途切れる理由は不明なものの、石材に扉下部の軸摺穴をうがつ技法とあわせて、山田寺の建築は大陸的な要素が強いとみてよかろう。仏教建築が大陸からとり入れられて半世紀あまり、金堂の発掘成果を含めても、初期の仏教伽藍建築は、現存する建物から考えられる以上に多様性をもつものであったと想像される。

4　回廊以外の建築部材

南面回廊の南東の遺物包含層から、古代ではほかに例のない長い肘木が出土している（図46）。残念ながら、これを使っていた建物が何なのかわからない。

腐蝕して当初の面を残さない部分も多く、壁間渡し穴の存否、建物内外に置かれた場合に生じる風蝕差、あるいは舌の有無などについては、根拠とすべき部分がない。上面中央部分が欠けており、やはり腐蝕のため明確ではないものの、直交する部材と組み合う仕口の可能性がある。この場合、直交する材との上下関係は、この肘木が下となる。

また上面には両端付近に巻斗と接続する丸ダボ穴をもち、長辺の上角には巻斗ののる部分を除いて笹繰がある。この肘木は、断面寸法が幅一八センチ、高さ二二センチに復元でき、回廊の肘木の幅一七〜一八センチ、高さ二一〜二三センチと同程度ながらも、長さが一五六・一センチ（復元長一五七センチ）あり、回廊の通常の肘木の長さ一二一・〇センチと比較して格段に長い。前後面および下面には巻斗が組み合っていた痕跡がある。ここから復元すると、この肘木は巻斗で支えられ、その巻斗がのる肘木は、回廊のものより若干短いようだ（図47）。

以上から、この材は、肘木と巻斗からなる三斗の上に重ねて置く肘木に相当し、「二の肘木」と称される部材になる。現存する古代の建物ではこの形式をもつ組物はなく、日本建築史上に類例を求めると、禅宗様とよばれる建築様式があらわれる鎌倉時代以降まで時代がくだる。

中世禅宗様の部材は全般的に木柄が細くなる（木割が小さいという）こと、この肘木の断面寸法がおよそ回廊のものと合うことから、この材は七世紀代の部材と考えてよいだろう。また回廊ではこの部材を使う余地がなく、南面回廊南東方という出土位置を勘案すれば、この材が用いられたのは回廊に接続する中門の可能性がある。東方からの土砂流入によって流されたものとすれば、東方に未知の仏堂を想定することもできる。

いずれにせよ、このような形式の組物が七世紀代に存在したことは、この部材が出土するまでは想像だにできないことであった。中国の南禅寺大殿（七八二年）、敦煌莫高窟第一七二窟観無量寿経変（盛唐：八世

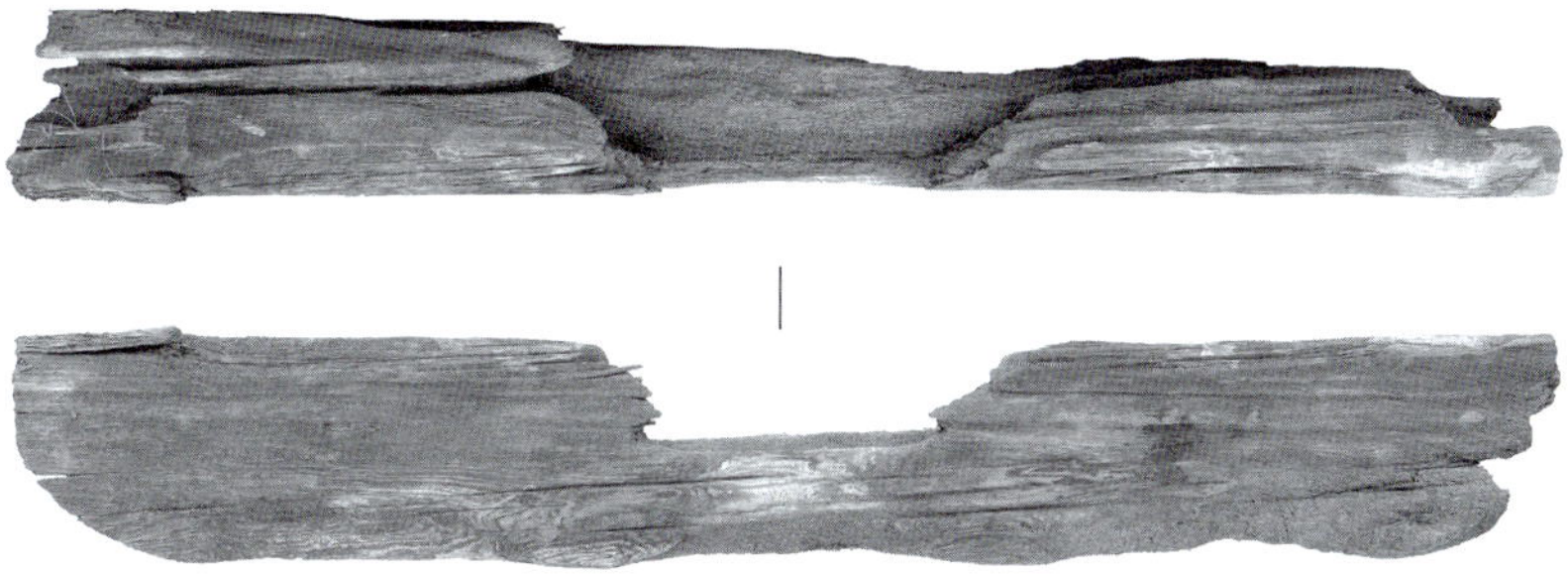

図46 ● 長い肘木
回廊所用の肘木とほぼ同じ断面をもつものの、長さが約1.3倍ほど長く、日本に現存する古代建築には類例がない。

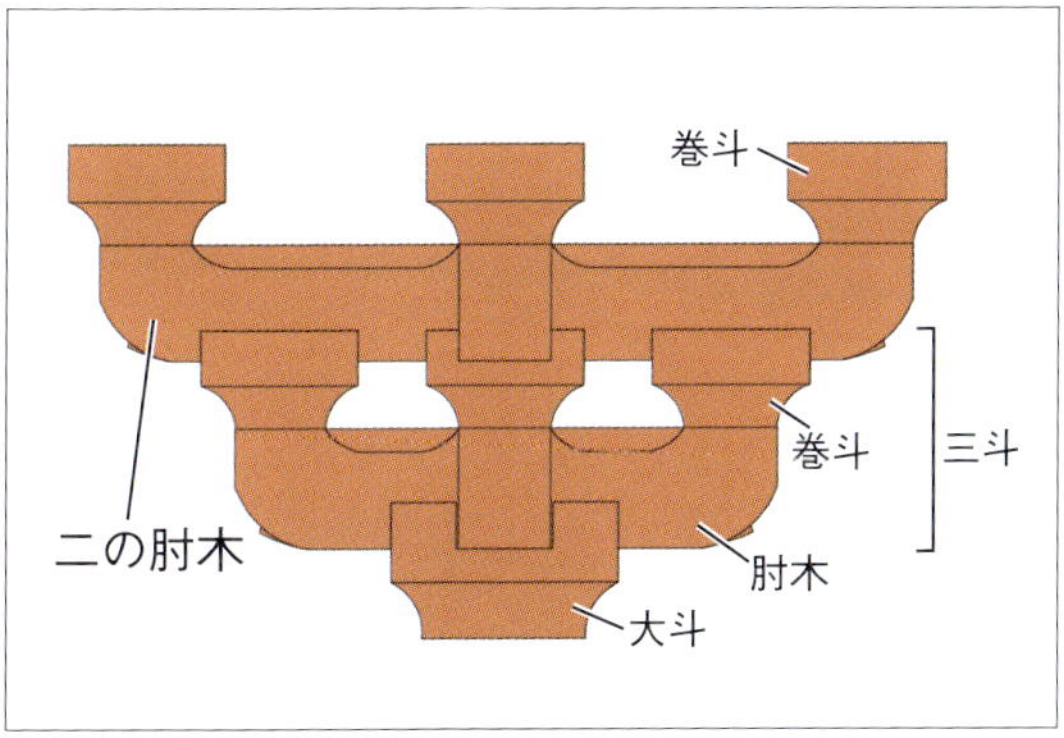

図47 ● 長い肘木の復元推定図
長い肘木は、三斗の上にのる「二の肘木」と考えられる。日本に現存する建築では、鎌倉時代以降の禅宗様建築に類例がある。

紀）の仏殿図、仏光寺大殿（八五七年）にはみえ、この源流はやはり大陸に求めるのが自然だろう。

宝蔵の部材

宝蔵の部材は、茅負と垂木が残るのみ（図48）だったが、強い軒反りをもつ入母屋造もしくは寄棟造の屋根形式であること、屋根の四隅に入る隅木が、通常は四五度方向に入るべき（真隅）ところがそうなっていない（振隅）こと、軒はいずれも角形断面をもつ地垂木と飛檐垂木からなる二軒であること、など、古代の倉庫建築を考えるうえで重要な資料を提供した。

図 48 ● **宝蔵西雨落溝の部材出土状況**（北から）
建築部材を含む多数の木製品は、宝蔵の西雨落溝を中心として出土した。宝蔵は、回廊とともに東方からの土砂流入によって倒壊したとみられる。

第４章　奇偉荘厳の出土遺物

1　出土した仏像たち

山田寺の出土遺物で特徴的なのは、瓦以外に、多種多量の木質遺物や金属製品があることである。それらは、山田寺以前の石川麻呂邸に関連すると考えられるもの、山田寺の造営や改修にかかわるもの、山田寺の活動に関するものなど、文献にあらわれない山田寺の実像を知るうえで貴重なものばかりである。本章ではその一部を紹介しよう。なお、山田寺の遺物としては、第１章で紹介した興福寺所蔵の仏頭（図４）がある。

銅板五尊像

小さな銅板に仏像を半肉彫りした鋳造鍍金（ときん）製のもので、携帯用の仏龕（ぶつがん）あるいは厨子の納入品と推定される（図49）。ひとつの根から伸びる五茎の蓮華座上に、中尊如来像と両脇侍菩薩立像、二比丘立像をあらわしている。その上方には、瓔珞を飾った双樹と飛天二体を配し、下方には供養者と獅子各二体を彫り出している。宝蔵の基壇上から出土した。

初唐代の舶来品と推定され、同じ原型からつくられたものが、神戸市の白鶴美術館に三点所蔵されている。

銅製押出仏

銅製押出仏は、三種、五点出土している。一つは長方形の銅板の周辺に紐状の突帯をめぐらせて、頭上に天蓋を飾り、光背を負って蓮華座上に趺坐する如来坐像（図50）。あとの二つは、長さ二三・五センチ、幅一・六センチ以上の板に、三・七センチ離して銅釘打ちされているもので、上の像は縦三一・五ミリ、横一七・五ミリ。下の像はつぶれてやや縦に長くなっているいるものの、先述の押出仏と同じ像容らしい。宝蔵南東の遺物包含層から出土した。他の二点は頭部と胴部の破片で、宝蔵の基壇上および東雨落溝から出土している。銅板五尊像とともに、宝蔵に収蔵されていたものであろう。

図 49 ● **銅板五尊像**
縦 37mm、横 45mm、厚さ平均 1.4mm、重さ 23.9g。携帯用の仏龕あるいは厨子の納入品と推定される。

塔の内部を飾った磚仏

磚仏とは、粘土を型につめて整形し焼いたもので、山田寺からは十二尊連坐、四尊連坐、小型独尊、大型独尊の四種が出土している（図51）。

十二尊連坐磚仏　天蓋の下に結跏趺坐する半肉彫りの如来像一二体を、上下三段、左右四列に並べたもので、復元すると、長さ一八・八センチ、幅一四・三センチ、厚さ二・五センチになる。像容はどれも同じで、同じ原型を一二回押捺して焼成した笵型からつくられたものらしい。一点のみ、黒漆をかけて金箔を施した二尊分の破片がある。中央の二尊の四隅に釘穴を設けてあるものが多い。

三一五点出土したが、焼損したものも多く、塔跡中心部から多数出土しており、塔内部の荘厳に用いられたと考えられる。その像容は塔が建てられた七世紀後半の特徴を示している。

四尊連坐磚仏　如来像を上下左右に二段二列に並べたもので、十二尊連坐磚仏よりやや小さく、像の細部まで刻出されていない。固定する釘穴のほかか、金箔を貼った痕跡もみられず、十二尊連坐磚仏

図50 ● 銅製押出仏
縦68mm、横44mm、厚さ0.3mm程度、重さ7.54g。図51の十二尊連坐磚仏と同原型とみられる。

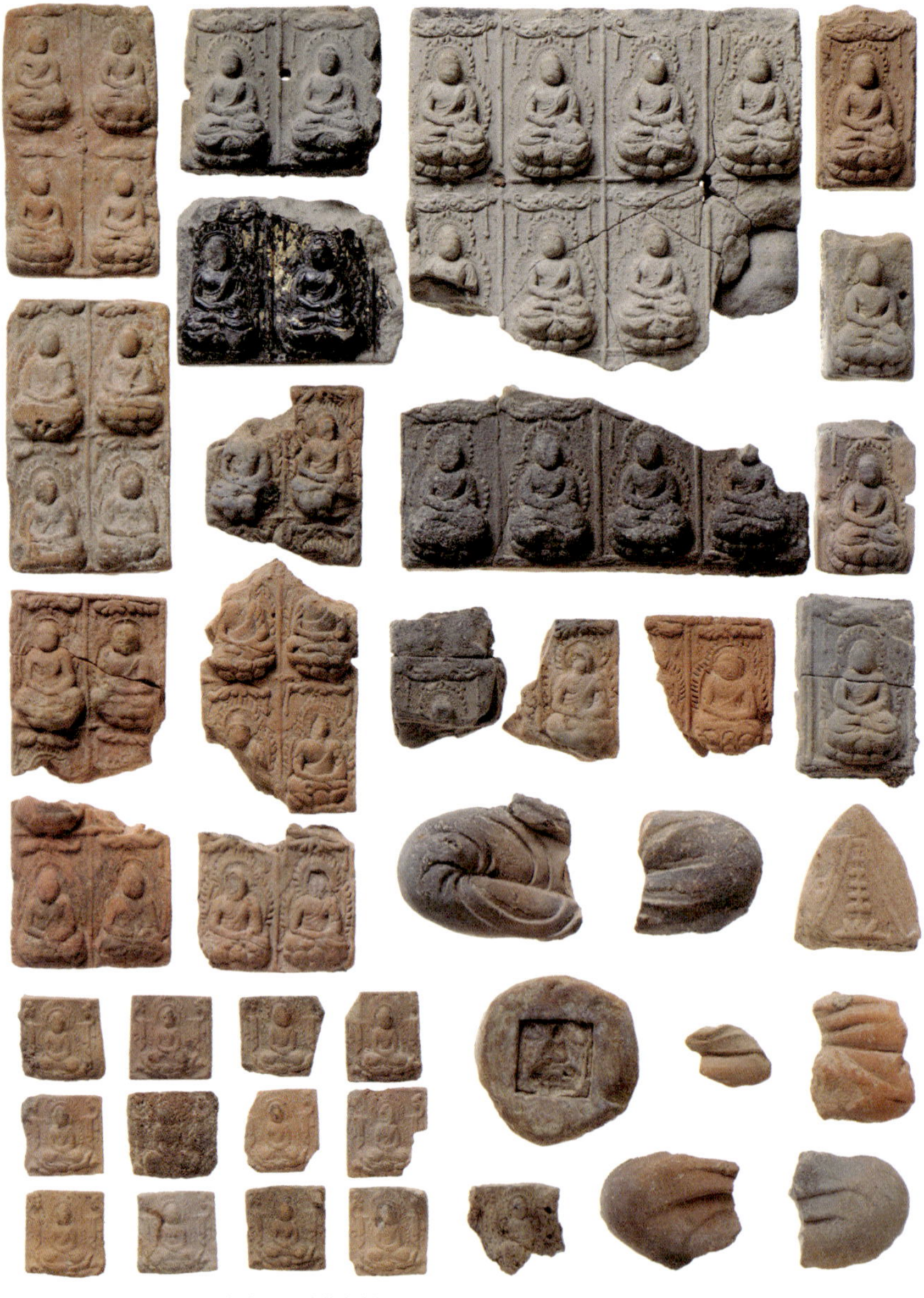

図 51 ● **出土した磚仏各種**
上部中央が十二尊連坐、左端上下が四尊連坐、左下が小型独尊、右下に大型独尊磚仏の膝頭破片数点、小型独尊笵型、泥塔を配している。小型独尊笵型は、この型を用いたものは出土しておらず、泥塔は近世の遺物らしい。

よりも焼きが甘い。笵型のちがいで四種に分類され、裏に刻書をもつものがある。

三〇点出土し、十二尊連坐磚仏と同様の出土状況のため、塔に用いられた可能性があるが、金箔を貼った痕跡がなく、焼損したものがないなど、やや疑問点を残す。

小型独尊磚仏　後屏の前に結跏趺坐する如来形を半肉彫りしたもので、一辺約三センチの正方形で厚さ七ミリ程度である。一六個体分が出土し、火災に見舞われたものもある。塔中心部と金堂南方から出土しており、やはり塔に用いられたらしい。

大型独尊磚仏　結跏趺坐した如来形の膝頭部分と思われる破片が六点出土している。塔と金堂の間で出土し、基壇上にはないため、使用場所が他型式の磚仏とは異なる可能性がある。

2　建築金具と荘厳具

金属製品は一一四〇点出土しており、このうち鉄製品が一〇六九点、銅製品が七〇点（仏像を除く）、金製品が一点、銭貨二六点、ガラス製品六点である。このうち建物の補強や荘厳にかかわる遺物をみていこう。

茅負留先金具（かやおい）（図52）　鉄製で、全長四二センチの浅い「へ」字形の鉄板を中央で折り曲げたもの。中央の幅七センチ、厚は四ミリ。各面を四カ所の釘で留めたことがわかる。軒先の茅負（図41参照）が隅で直交する部分を補強・荘厳するための金具で、出土位置からみて、塔に用いられたものであろう。

金銅製隅木先金具（図53）　建物の屋根の隅を支える隅木という部材の先端（木口）を荘厳するための飾金具である。縦二三センチ、横二一センチほどの方形の枠の内部に、四弁の花形を配し、中央に長円形の中房を置く。弁の先端は枠に接しており、枠の四隅と中央部に釘穴がある。同一意匠で大きさのちがうものがあり、使用する部位に応じた大きさでつくられたようだ。

金銅製風招（図54）　風鐸とセットで隅木の先端部に吊り下げられ、風を受けて風鐸をならすための一種の荘厳具である。高さ二三・一センチ、裾幅二七・七センチ、厚さ一・三ミリほどの銅板を用い、上縁を銅板で包み込んで縁取りする。下辺は連弧形で両端部よりも中央部をやや短くし、中央上部に吊り金具に連結する環がろう付けされている。

図 52 ● **茅負留先金具**
軒先の垂木上に置かれ、軒平瓦を受ける茅負の隅を固定する金具。塔所用とみられる。

図 53 ● **金銅製隅木先金具**
屋根の隅を支える隅木先端の木口を飾る金具。上部が欠けているが、厚さ 2mm の銅板から、方形の枠（幅 3cm）とその内部の花形を造り出している。

図 54 ●**金銅製風招**
隅木の先端に吊り下げられた風鐸をならすための風受け。上縁を照りむくりのない円弧とし、下辺を連弧形とする形状の出土例は少ない。塔に用いられたものと推定される。

図 56 ●**金銅製六弁花形金具**
厚さ 0.8mm の銅板を六弁の花形に切り抜き、蓮華文に造った金具。最大径 8.9cm。

図 55 ●**青銅製唐草文透彫金具**
厨子の部材に取り付けられた状態で出土した細長い飾金具。宝蔵収蔵の厨子に取り付けられていたらしい。

この形状の風招はきわめて少なく、長谷寺所蔵の銅板法華説相図（七世紀末〜八世紀初頭）に見えるほか、韓国百済の陵山里廃寺によく似ているものがある。塔に用いられたと推定され、出土例が比較的多い八世紀の形状に先行する特徴をもつとみられる。

青銅製唐草文透彫金具（図55）　二点出土したが、同一部分の断片である。幅一・八センチ、厚さ〇・七ミリの帯状の銅板を切り抜き、蕨手状の唐草文を表現したもので、外枠一辺と唐草文の中心に沿って鋭く流麗な毛彫りを施している。縁金には九センチ間隔で径一・五ミリの鋲孔がうがたれている。宝蔵の南雨落溝から、部材に装着された状態で出土した。大きさからみて厨子に用いられたもので、宝蔵には厨子が収蔵されていたらしい。

金銅製六弁花形金具（図56）　銅板を切り抜き蓮華文につくった金具で、各弁の先端中央を内側に折り込み、弁の上半部を軽く曲げてスプーン状に湾曲させる細工が施されている。中心に径二ミリの円孔をうがち、周囲を円形に凹ませ、何らかの部品を置く工夫がなされている。宝蔵の西雨落溝から出土した。何に用いられたか明確でないが、宝蔵の収蔵品に関連する遺物であろう。

3　屋根を飾る瓦

統一した意匠の瓦を使用

山田寺の軒瓦は、長期にわたる造営にもかかわらず、各堂塔に単弁八弁蓮華文と四重弧文という統一した意匠としている（図57）。これを山田寺式軒瓦とよんでいる。

膨大な量の出土瓦の分析から、使われた堂塔、笵型の長期使用と笵傷の進行、製作技術の変化、屋根に葺かれていた状況や葺き替え、改修の様相などが判明し、遺構からは十分に得ることができない、造営の具体的な変遷の様相をつかむことができた。

山田寺式の軒丸瓦は出土軒丸瓦全体（三八四二点）の九八パーセントを占め、瓦当（がとう）のかたちや中房の蓮子の数などに差異があるほか、背後に連なる丸瓦との接続方式では、段差をつくる玉縁（たまぶち）式が多いものの、一端を半円錐形に狭めて葺き重ねる行基（ぎょうき）式のものもあるなど、計六種に分けられる。

一方、山田寺式の軒平瓦は、出土軒

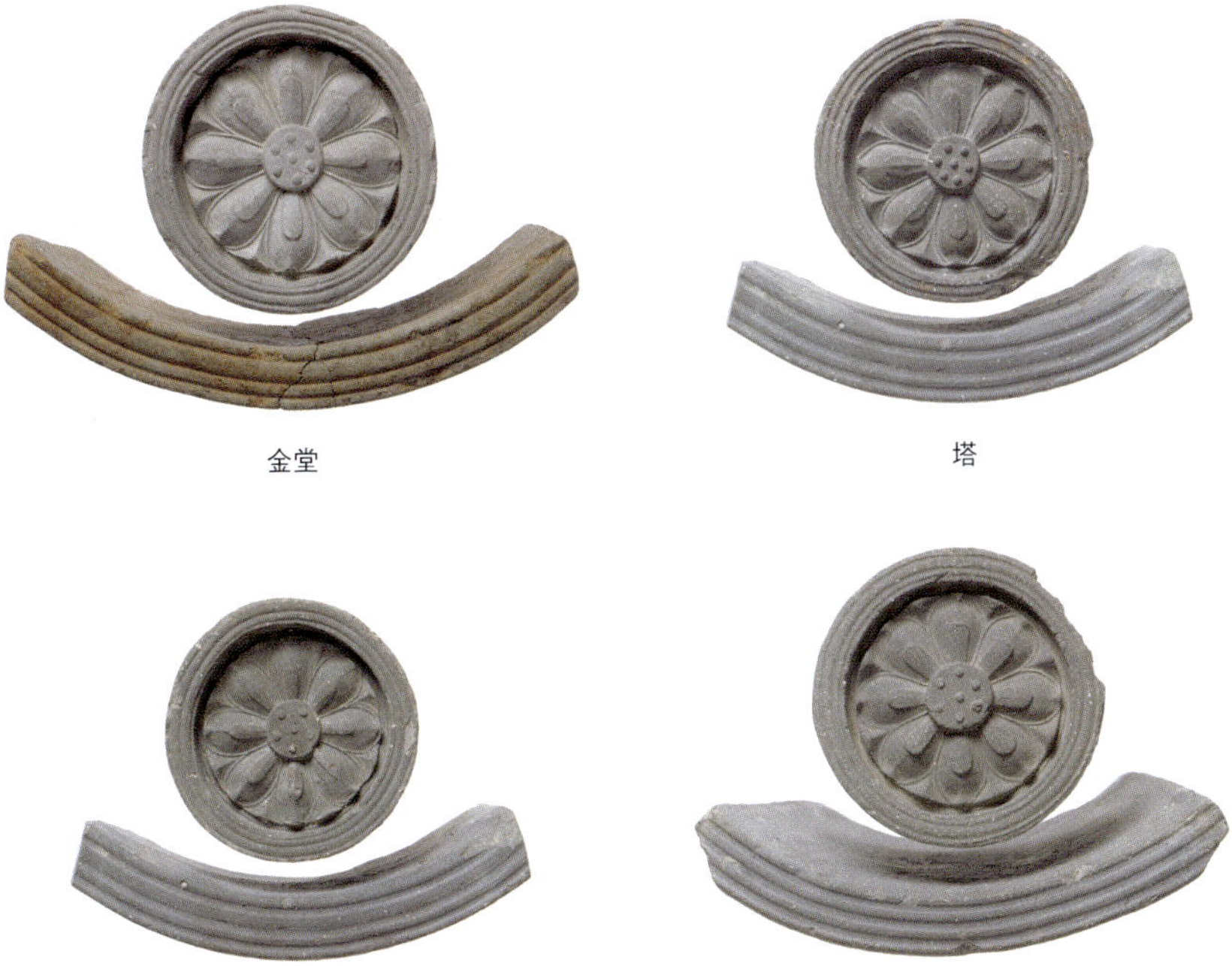

金堂　塔
中門・回廊　講堂

図57 ● 創建軒瓦
いずれも、軒丸瓦が単弁八弁蓮華文、軒平瓦が四重弧文のセットからなる山田寺式軒瓦が用いられている。

平瓦全体（約一六四五個体）の九〇パーセント以上を占め、製作技術や文様によって八種に分けられる。また軒平瓦の平瓦部下面（凸面）には朱線や朱書を残す例が多数ある。瓦を葺いたあとに建物の塗装がおこなわれたことを示すもので、成分はいずれもベンガラだが、色調が異なり、これは伽藍完成時と補修時の塗り直しの差と考えられた。ここから、金堂と塔は奈良時代の改修で建物の塗装までなされたが、回廊はおこなわれなかったことが明らかとなった。

飾金具をもつ垂木先瓦

垂木下端の木口に取り付ける垂木先瓦は、三〇二六点出土した。単弁八弁蓮華文で、五種に分類される。瓦当面に白土やベンガラによる彩色が認められ、また中房部分に装着する蓮子を打ち出して鍍金した金銅製の飾金具が出土している。装着用のかしめ穴をもつ瓦もあり、垂木の先端に中房の中心で釘打ちして取り付けたあと、この釘を隠し、また荘厳する

図 58 ● 金堂軒先の復元
垂木先瓦には彩色が施され、中心には垂木に固定する釘を隠す金銅製の金具が取り付けられている。

ために用いたらしい。

　これらから復元できる軒先の様相は、図58のようになる。飾金具をともなう垂木先瓦は金堂と塔に用いられたようだが、金堂ではその割合が八七パーセントであるのに対し、塔では出土量の三〇パーセント程度まで落ちる。これは、五重塔の初重や二重といった、目につきやすい下層部分にのみ飾金具を用いていた可能性を示唆する。なお、垂木先瓦自体は宝蔵を除いて取り付けられているが、伽藍完成期のもののみで、改修時にはつくられなかったようだ。

鬼瓦と鴟尾

屋根頂部の大棟（おおむね）、あるいは大棟から降る降棟（くだりむね）などの各端部に用いられる鬼瓦は、六二点、三〇〜三九個体分が出土した。蓮華文が二種、鬼面文が四種あり、七世紀には蓮華文が用いられ、鬼面文は奈良時代以降の改修で用いられたらしい。鬼面文の鬼瓦には平安時代と鎌倉時代のものもある。

　創建期の大棟の両端部には、宝蔵を除き、いずれも鴟尾（しび）が用いられた。近世城郭ではシャチホコともよばれ、魚が上部にそり上がる形状をした瓦製品である。鴟尾は最低一八個体分、四一九点出土し、多くは回廊内の瓦敷きに転用された細片であった。鴟尾の必要数は、金堂・講堂・中門・南門・回廊四隅に使用したとしても一二個体であり、出土個体数はこれを上まわるため、改修用の鴟尾もあることになる。改修の時期は、回廊内の瓦敷きが八世紀中頃のものであり、それ以前とすれば、出土瓦の分析で金堂の補修が判明した天武朝の可能性が大きい。

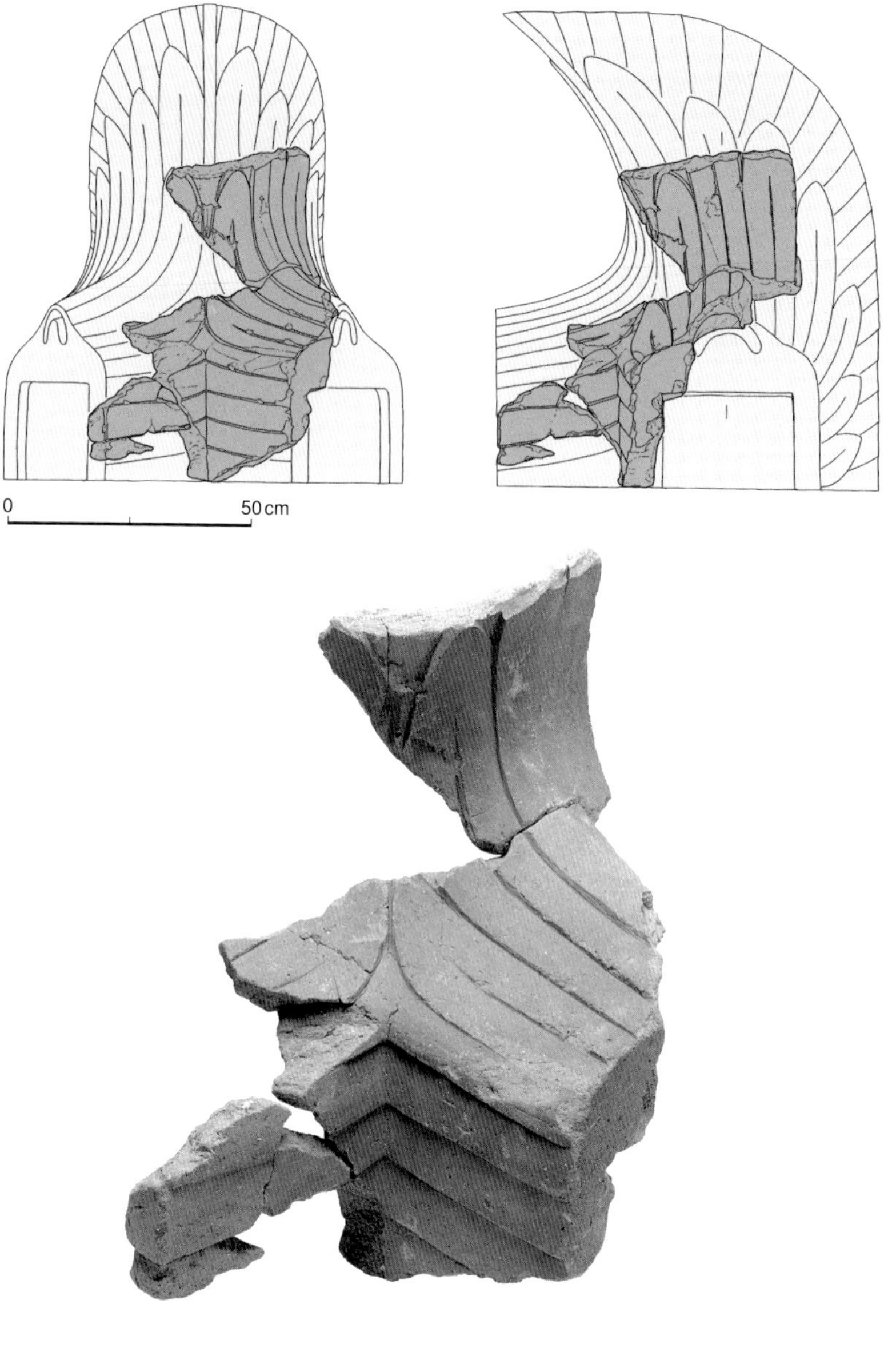

図 59 ● 双頭鴟尾

回廊の隅に使用されたと考えられる鴟尾で、直交する 2 方向からの棟に接続する頭部に対し、跳ね上がる胴部は一つである。山田寺で初めて確認された。

鴟尾の形には、一般的な単頭鴟尾と、回廊隅に用いられたと考えられる双頭鴟尾の二種がある。双頭鴟尾（図59）とは、頭部（下）が胴部（上）の中軸線に対してそれぞれ四五度ずつ左右に開く形態のもので、頭部が直交方向に二つ、胴部がその間の四五度方向に一つつくられたものである。山田寺で初めて確認され、現在のところほかに例がない。総高一メートル、頭部高三六センチ、頭部基底幅三八センチに復元でき、単頭の鴟尾にくらべひとまわり小さい。

螻羽瓦

そのほかの特異な瓦として、金堂に使われたと推定される螻羽（けらば）瓦（がわら）がある（図60）。一メートル前後の長大な軒平瓦で、側辺の一方または両方を凹面側に大きく折り曲げる特徴をもつ。二九五点出土し、狭端側の凹面に仕切りの壁を設け、胴部には焼成前に孔をうがつものが多い。入母屋造あるいは屋根面に段差をもつ錣葺（しころぶき）と想定される金堂の屋根の両端部のうち、鴟尾から前後に架け降ろし、降棟よりも端の螻羽部分に、通常の平瓦とほぼ直交させて用いた瓦と考えられる。

図60 ● **螻羽瓦**（左）**と通常の平瓦**（右）
螻羽瓦は、通常の平瓦の3倍程度の長さをもつ。螻羽瓦と考えられる出土例はあるが、その長大さは例をみない。

4　山田寺の活動を伝える遺物

絶えなかった仏前の灯明

つぎに、山田寺の活動や様子を伝えるおもな遺物をみていこう。

金堂の南にある燈籠の周囲からは、八世紀後半〜一〇世紀後半（主体は九世紀前半〜後半）の土師器の小皿が多量に出土した。口縁部に灯芯痕のある小片がほとんどで、灯明皿として用いたものと考えられ、仏前の燃燈が絶えなかった様相がうかがえる（図61）。

灯火器として用いた土師器は、宝蔵の基壇上からもまとまって出土している。出土した木製品や金属製品から、宝蔵内部には厨子などが収蔵されていたことが判明したが、使用済みの灯火器を保管したのでなければ、厨子などにも灯明が供えられたのだろうか。このほか灯火器として用いられた土師器は、南門の南の排水路周辺などからも出土している。

このほか施釉陶器もあるが、いずれも細片で、四三点中二五点が宝蔵周辺から出土しており、やはり宝蔵に収蔵された資財だったらしい。二彩・三彩陶器は壺類で、緑釉陶器は坏と壺か香炉とみられる小型品である。

硯は圏足円面硯、蹄脚円面硯、長方形硯など七点の陶硯と、転用硯（中世）一点があり、長方形硯と転用硯を除く六点が宝蔵から東面大垣にかけて出土している。このうち四点は大垣東方からの出土で、東方からの土砂流入

図 61 ●灯芯痕のある土師器皿
金堂南の燈籠周辺から出土。口縁部に灯芯痕があり、灯明皿として用いられたあと周囲に廃棄されたらしい。

で宝蔵も倒壊したと考えられることから、宝蔵よりも東北院と関連する可能性がある。

墨書土器は九点出土し、「山田寺」（図62）「山田」「寺」「醢」などがあるほか、「寺」と刻書した土器がある。

漆塗りの木製品

南門西側の一〇世紀前半〜一二世紀後半の土坑から、黒漆塗り雲形部材（図63）が出土している。厚板から雲形を造り出し、黒漆をかけたもので、割れ面があって、さらに大きな部材の一部だったことがわかる。南門の扁額の一部と推定されている。

宝蔵周辺からはさまざまな木製品が出土しているが、そのうち漆塗り巻物軸は、丸棒の軸首に漆を塗るもので、黒色漆と朱漆の塗り方に三種あり、計八点出土している。全長三〇・一センチに復元できるものは、径九ミリで、端部から三三〜三五ミリを漆塗りとし、木口を凸レンズ状に加工している。

図62 ●「山田寺」墨書土器
南門南の石組基幹排水路から出土。長さ11cm、幅6cm程度の小片のため器種を特定できないが、奈良時代の土師器坏または皿とみられる。

図63 ●黒漆塗り雲形部材
現存長10.6cm、幅12.9cm、厚さ4.9cmで、厚板から雲形を造り出す。写真左の左端に割れ面があり、扁額の一部とみられる。

黒色漆塗り茄子形仏具は全体を八面体のマラカス状に整形したのち、半截して内部をくり抜き、再度接合したもので、大小二種（頭部長一三・五センチ、径七・八センチ、および同一〇・九センチ、五・六センチ）が出土している。

このほか黒色漆塗りの木製品としては、青銅製蝶番と壺金具付きの厨子扉、調度品の床脚・猫脚・台脚、小櫃か箱の蓋などがあり、また素木の木製品としては、扇子骨、箱の蓋、八角形の台座などとともに、不明部材も多数出土している。

これらは製作年代が不明なもの、正倉院に伝来する木製品に類似するため奈良時代の製作と推定されるもの、平安時代まで降ることが確実なものなどさまざまだが、倒壊した宝蔵に収蔵されていたことはほぼ確実であり、一一世紀の宝蔵の収蔵品が判明する一括資料として貴重である。

山田寺の歴史を裏づける木簡

木簡は、計六三点が出土している。

南門の南の山田寺造営以前の旧流路から出土した木簡は、

□　経□

［堂司ヵ］□□□　□□

唯識　□巻借

□勝寶六［

瑜伽論井地十［

文徳御宣
天平勝寶［

法花経一部　巻　□　□

［二ヵ］　□　□

□下□□□

大半が習書木簡だが、他の出土遺物からみても七世紀前半にさかのぼるもので、日本最古級の木簡群になる。一般集落のものと考えにくく、蘇我倉山田石川麻呂もしくはその一族の邸宅に関連する可能性がある。

東面大垣東方の堆積土からは、「浄土寺　経論司」と書かれた題籤軸が出土した。この堆積土は東面回廊と宝蔵を倒壊させた東方からの土砂流入にともなうもので、経論司という寺内組織が東方にあった可能性を示唆する。

宝蔵周辺で出土した木簡のうち、「　経第廿二帙 十巻」と書かれたもの（図64）は、経典一〇巻をまとめたものが

図64 ● **経帙木簡**
現存長40mm、幅26mm、厚さ2mmの断片に「　経第廿二帙 十巻」の墨書があり、経巻を包む帙につけられた題箋とみられる。

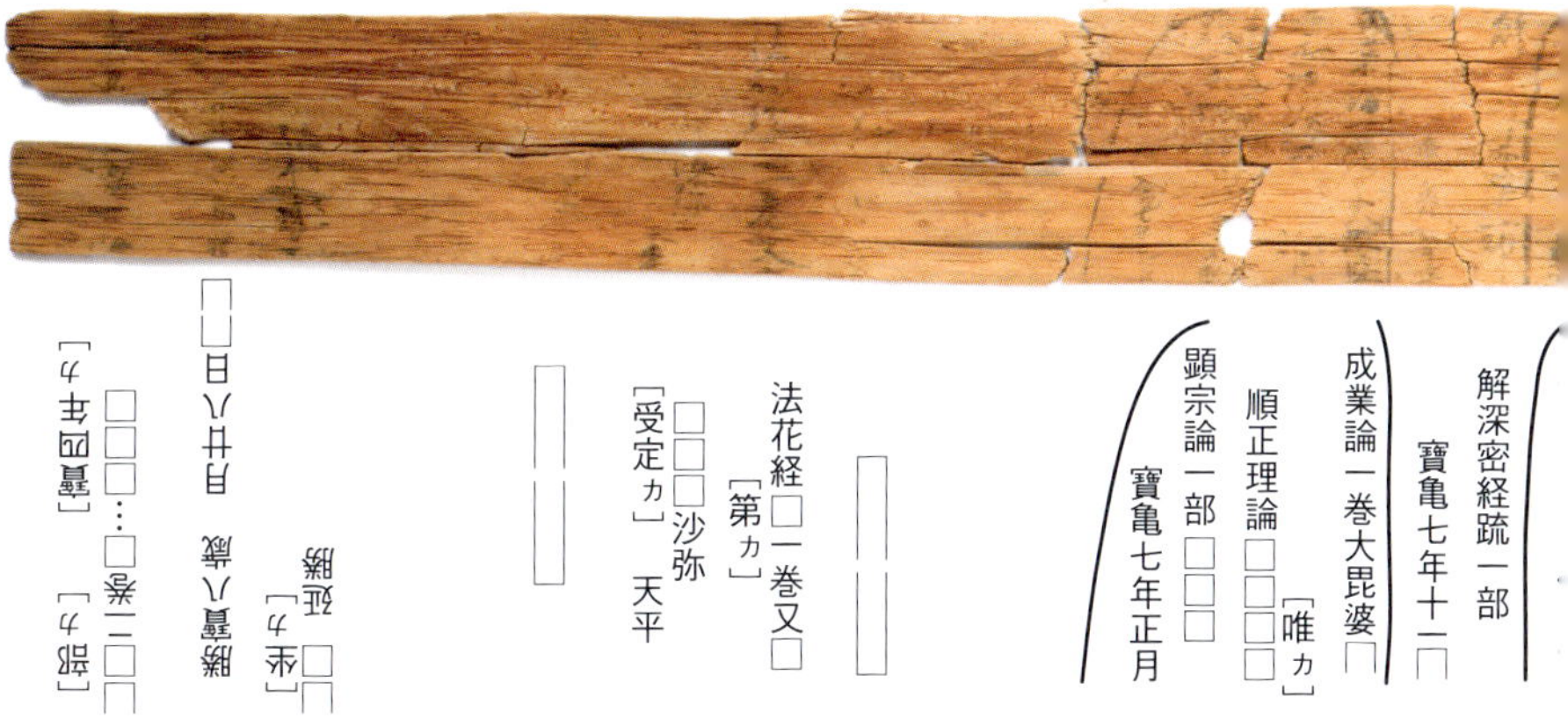

図65 ● **横材木簡**
現存長121.5cmにおよぶ長大な木簡。奈良時代後期の経典の貸借記録とみられ、山田寺の活動を知る上でも重要である。

二二帙におよぶという内容であり、二二〇巻以上の経典となることが判明する。当時の経典で二〇〇巻を超えるものは、大般若経六〇〇巻以外になく、大般若経に付けられていた札とみられる。

法隆寺・安祥寺・観心寺・広隆寺・観世音寺の各資財帳から知れる大般若経の所有部数は各一部であり、山田寺でも複数部あった可能性が低いとすれば、石川年足（図3参照）が七三九年（天平一一）に施入したことが奥書にみえる大般若経（表1参照）である可能性が大きい。

横材木簡とよばれる長大な木簡は、板材を横長に用いて、表裏に別筆で書き継がれている（図65）。そこには経典名・部巻数・年月日・僧侶名のほか、「借」「受」の字句が見え、経典の貸借にかかわる記録であることがわかる。このうち年紀の判明するものに、天平勝宝六年（七五四）、同八年、宝亀七年（七七六）がある。

また、同様の経典貸借にかかわる木簡がある。長さ八三・五センチにおよぶ大形のもので、一側面に三角形の切れ込みがあって、柱にくくりつけた可能性をもつ。やはり別筆で書き継がれており、表面を削りながら使用されつづけたものとみられる。大同二年（八〇七）、弘仁二年（八一一）の年紀が見える。

これらは、文献からは知ることのできない、奈良時代後期〜平安時代初頭にかけての山田寺の活動の実態を知るうえできわめて重要な資料といえるだろう。

第5章　山田寺の今とこれから

1　遺跡の保護と公開

山田寺跡の保存

山田寺跡は、第四次調査で、「回廊出土！」の興奮がさめやらぬ一九八二年一二月四日、東面回廊を含む一帯が特別史跡に追加指定の告示を受けた（図66）。その後は、史跡整備のための資料を得る目的で、これまで述べたような発掘調査がおこなわれ、二〇〇一年には史跡整備工事が完了している。

現在、山田寺跡では、講堂の礎石や地覆石などをみることができるが、発掘調査でみつかった遺構は盛土で保護し、また盛土の高まりで建物基壇を表現している（図67）。建築部材が良好な状態で出土した東面回廊の一部には、蓮弁をもつ礎石を模して花崗岩を彫刻し設置している。また回廊内は盛土ののち砂利敷きを施し、金堂前には礼拝石と同サイズの板石によるレプ

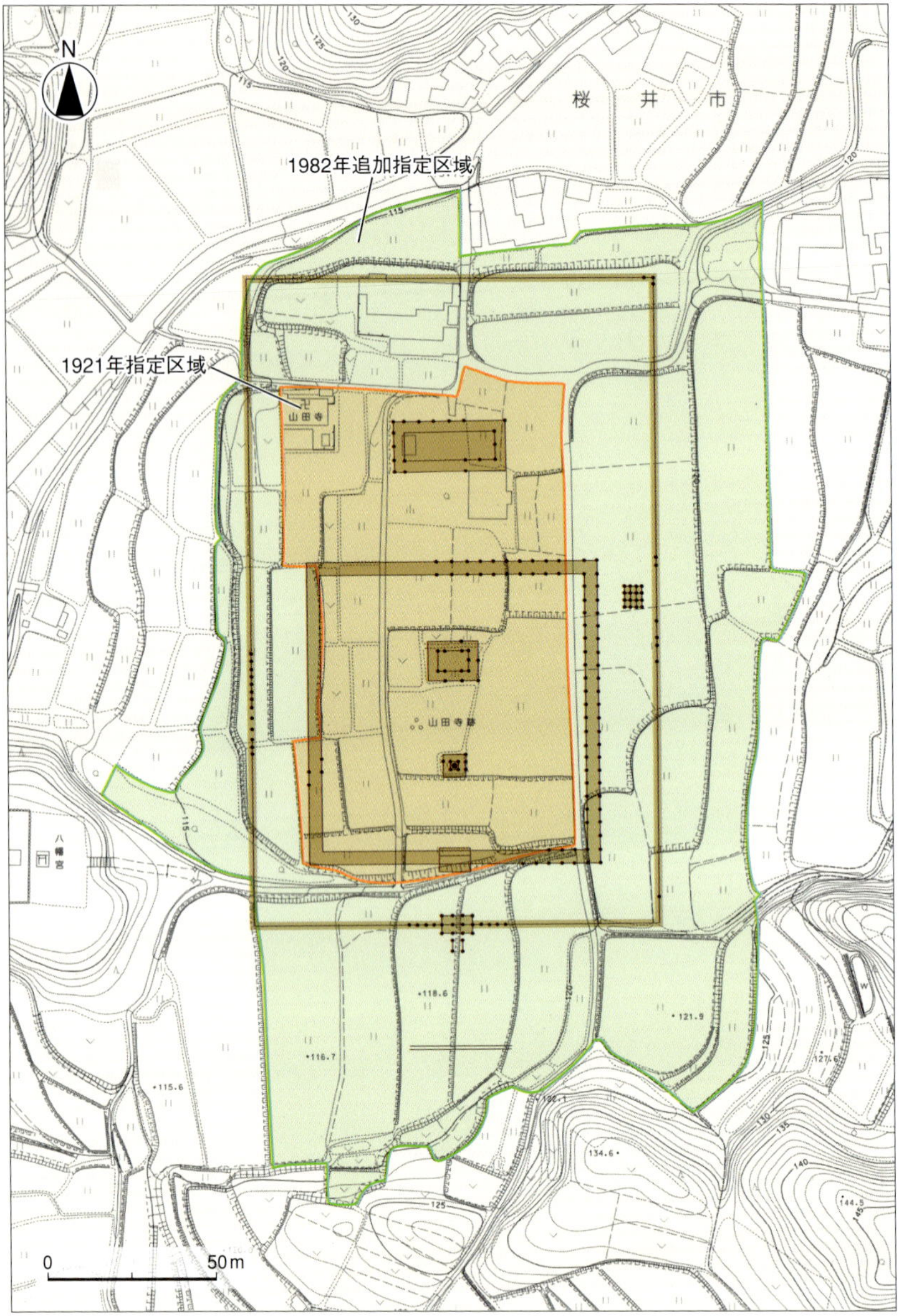

図 66 ● 指定区域とその範囲

塔・金堂・講堂を含む伽藍中心部は 1921 年に史跡に指定された。その後、第 1 ～ 3 次の発掘調査成果を受けて、東西面の回廊を含む範囲が 1982 年に追加指定された。

リカを置いた。当然のことながら、石川麻呂が最期を迎えたかもしれない礼拝石の実物は、このレプリカ直下で、再び安寧の時間を過ごしている。

再び立ち上がった東面回廊

山田寺東面回廊の出土部材は、現在、奈良文化財研究所「飛鳥資料館」で一般に公開されている。

発見された部材は、数百年間地中に埋もれていたため、建築部材としての構造的役割から解放され、埋蔵文化財になりきってしまっていた。高分子ポリエチレングリコールによる保存処理を施しても、部材としての強度を回復できるわけではない。このため、重量を担

図67 ●整備された山田寺（東から）
建物は盛土と張り芝で表現し、良好な状態で出土した東面回廊の南から9〜11間のみ、基壇を復元している。

う構造体を別に鉄骨でつくり、そこに出土部材を組み込むという手法で組み上げた。部材の立体展示ともよべるこの手法によって、山田寺東面回廊の建築部材は再び立ち上がったのである（図68）。

ところで、部材を復元して展示したいという願望は、建築部材がはじめて姿をあらわした一九八二年の第四次調査時からあった。第1章で紹介したように、同年一二月一日の朝刊は、各紙大々的に回廊発見を報じているが、そのなかで狩野久・奈良国立文化財研究所飛鳥藤原宮跡発掘調査部長（当時）は「取り出して保存処理を施し、復元して展示したい」と述べている。

この構想が実現したのは、それから一五年を経た一九九七年のことであった。保存処理だけでもそれだけの年月を要したのであり、二〇一二年現在、保存処理はほぼ最終局面に達している。保存処理の済んだ部材は、立体展示しているもの以外にも厖大にあるが、ごく一部は山田寺回廊再現展示室に解説用に陳列しており、その他の大部分は飛鳥資料館に収蔵している。

重要文化財の指定

二〇〇七年三月、山田寺出土の建築部材は、瓦や土器、金属製品などの出土遺物とともに、一一三三点が考古資料として国の重要文化財に指定された。このうち建築部材は飛鳥資料館に立体展示されている九二点のほか、八八点がある。同様の出土建築部材の国指定文化財の例としては、静岡県山木遺跡の出土建築部材があるが、これは重要民俗文化財として指定を受けているもので、山田寺の出土建築部材は、考古資料としてははじめて重要文化財に指定されたこ

図 68 ● **よみがえった山田寺回廊**
良好な状態で出土した東面回廊の南から 9 ～ 11 間を鉄骨フレームに立て掛けて組み上げた。およそ 960 年ぶりにこの姿がよみがえった。

とになる。ここに至って名実ともに国を代表する文化財になったといえよう。

2 山田寺研究の展望

大陸との関係の解明

山田寺跡の発掘調査の成果は、二〇〇二年に『山田寺発掘調査報告』（同内容異名本に『大和 山田寺跡』）として公表された。出版日は蘇我倉山田石川麻呂無念の最期から一三五三年目の命日である。山田寺の一次調査から数えると二六年という年月を経ていた。しかし、これで山田寺の研究が終わったわけではない。

現に、赤外線を用いた木簡の釈読、金堂や南門の遺構の解釈など、新しい技術や視点による遺構・遺物の研究がおこなわれている。また、報告書に掲載されなかった出土硯についての研究もおこなわれ、まだ陽の目をみていない遺物についても、これからの研究によって大きな発見があるかもしれない。

建築史を専門とする筆者が期待しているのは、大陸との関係の解明である。山田寺の遺構や遺物に見える高い石材加工技術は、当時の日本人が関与したにせよ、これを完成させるためには渡来系技術者の力が不可欠だったと考えられる。

よく知られているように、日本最初の寺院である飛鳥寺の造営は、山田寺創建の約半世紀前におこなわれ、百済からの工人によって実現したのであった。また山田寺創建伽藍の造営と並行して、六三九年（舒明一一）に発願された日本最初の大王（天皇）発願寺院である百済大寺が造営されていた。百済大寺の遺跡は、巨大な金堂と塔が発見され、山田寺式軒瓦が用いられた奈良県桜井市の吉備池廃寺に比定されている。この時代としては破格の規模の金堂と塔を備えた百済大寺の造営にも、大陸からの新技術が導入されただろう。このような背景も考慮すれば、山田寺の造営に大陸からの新技術や工人がもたらされたことは疑いない。

古代東アジアの政治情勢と山田寺の造営

山田寺の造営が再開された頃、東アジアの政治情勢は切迫していた。強大な勢力を誇る中国・唐帝国が新羅と結んで六六三年に百済を滅ぼし、いつ日本に攻めてくるかという危機感のなか、天武天皇は方格地割をもつ日本最初の都城・藤原京を造営して、唐帝国に比肩する日本の国づくりを急いでいた。全国的に仏教寺院が増加するのもこの頃であり、渡来系氏族によって造営されたと考えられる寺院も少なくない。こういった時代背景を勘案すれば、山田寺のもつ意義もまたちがった視点でみえてくるかもしれない。

一方、回廊の建築技術のいくつかが、中世大仏様の建築にみられることは先述した。中世大仏様の源流は、中国福建省の現存建築に同様の技法や意匠をもつものがあることから、このあたりからの直輸入の形式と考えられている。一方、日本と交流が深かった百済は、中国南北朝時代（四三九～五八九年）の南朝の各王朝と密接な関係をもっていた。中国福建省はこの南朝に属する地域であり、百済あるいは朝鮮半島を経由してこういった技術がもたらされた可能性は十分に考えられる。

中国に現存する最古の木造建築は、山西省五台山に建つ南禅寺大殿（七八二年）であり、これより古い中国建築を考えるうえでも、山田寺の回廊に見える建築技術は今後、欠くべからざる実例になるだろう。

また、韓国では近年とくに寺院跡の発掘調査が盛んで、戦前に日本がおこなった遺跡の発掘調査等の成果を見直すべき成果があがってきている。今後、山田寺金堂のような特異な柱配置をもつ建物が発見されるかもしれない。

奇偉荘厳の寺は、日本の山田寺から世界の山田寺へ羽ばたこうと助走をはじめたところなのである。

参考文献

高橋健自「古刹の遺址」『考古界』第四編第一号、一九〇四年
天沼俊一「山田寺址」『奈良縣史蹟勝地調査会報告書』第四回、奈良県、一九一七年
上田三平「山田寺址」『奈良縣に於ける指定史蹟　第一冊』史蹟調査報告第四、内務省、一九二八年
保井芳太郎『大和上代寺院志』大和史学会、一九三二年
石田茂作『飛鳥時代寺院址の研究』聖徳太子奉讃会、一九三六年
大岡　實「山田寺講堂平面の実測について」『建築史』第三巻第二号、一九四一年
西川新次「仏頭」『興福寺　二』奈良六大寺大観 第八巻、岩波書店、一九七〇年
大橋一章「山田寺造営考」『美術史研究』第十六号、早稲田大学美術史学会、一九七九年
松本修自「山田寺金堂復原模型の製作」『奈良国立文化財研究所年報』一九八二年
『山田寺展』飛鳥資料館図録第八冊、一九八一年。第二版改訂、一九八五年
細見啓三「山田寺回廊」『建築史学』第一号、一九八三年
細見啓三「山田寺回廊の発掘」『月刊文化財』二三五号、一九八三年
細見啓三「山田寺発掘」『飛鳥・南大和の古寺』全集日本の古寺 第十四巻、集英社、一九八四年
上野邦一「隅一組物の建物について」『建築史学』第八号、一九八七年
高橋箒庵『萬象録』巻一～八、大濱徹也・熊倉功夫・筒井紘一校訂、思文閣出版、一九八六～一九九一年
高橋箒庵『東都茶会記』巻一～五、熊倉功夫・原田茂弘校注、淡交社、一九八九年
橋本義則「山田寺跡出土の木簡」『考古学ジャーナル』三三九号、一九九一年
山岸常人「山田寺宝蔵と大般若経経帙題籤」『日本建築学会大会学術講演梗概集』一九九一年
大脇　潔「山田寺跡」『図説 日本の史跡』第五巻・古代二、同朋社出版、一九九一年
『山田寺出土建築部材集成』奈良国立文化財研究所史料第四〇冊、奈良国立文化財研究所、一九九五年
『山田寺』飛鳥資料館カタログ第十一冊、一九九六年。第二版改訂、一九九七年
『山田寺東回廊再現』飛鳥資料館カタログ第十二冊、一九九七年

島田敏男「山田寺東回廊の復原」『仏教芸術』二三五号、一九九七年
上垣内茂樹「山田寺跡整備工事」『奈良国立文化財研究所年報一九九八-Ⅰ』奈良国立文化財研究所、一九九八年
溝口明則「山田寺金堂と法隆寺中門の柱間寸法計画について」『日本建築学会計画系論文集』第五一六号、一九九九年
小野健吉「山田寺跡の整備」『奈良国立文化財研究所年報二〇〇〇-Ⅰ』奈良国立文化財研究所、二〇〇〇年
村田健一「山田寺金堂式平面建物の上部構造と柱配置の意味」『奈良文化財研究所紀要』二〇〇一年
『山田寺発掘調査報告』奈良文化財研究所学報第六三冊、奈良文化財研究所、二〇〇二年
　同内容異名本に奈良文化財研究所編集・発行『大和 山田寺跡』、吉川弘文館から発売。二〇〇二年
島田敏男「寺院建築のはじまり」『倭国から日本へ』日本の時代史 第三巻、吉川弘文館、二〇〇二年
箱崎和久「山田寺　倒壊した東面回廊」『考古学ジャーナル』四九四号、二〇〇二年
竹内 亮「赤外線デジタルカメラを用いた山田寺出土木簡の再釈読」『奈良文化財研究所紀要』二〇〇四年
沖森卓也・佐藤 信・矢嶋 泉『上宮聖徳法王帝説　注釈と研究』吉川弘文館、二〇〇五年
『奇偉荘厳　山田寺』飛鳥資料館図録第四七冊、飛鳥資料館、二〇〇七年
『飛鳥藤原京木簡 一　飛鳥池・山田寺木簡』奈良文化財研究所、二〇〇七年
清水重敦「山田寺金堂復元案批判」『日本建築学会大会学術講演梗概集』二〇〇七年
清水重敦・山下秀樹「飛鳥・白鳳期寺院における二重建物」『奈良文化財研究所紀要』二〇〇七年
加藤雅士「山田寺出土の硯」『奈良文化財研究所紀要』二〇〇七年
鈴木嘉吉「再考法隆寺と山田寺」『第五九回 法隆寺夏季大学』法隆寺、二〇〇九年
島田敏男・次山 淳『山田寺　その遺構と遺物』日本の美術 五三二号、ぎょうせい、二〇一〇年
箱崎和久「山田寺と法隆寺」『飛鳥から藤原京へ』古代の都 一、吉川弘文館、二〇一〇年
關根真隆「古代尺よりみた法隆寺遺宝」『典籍と史料』龍谷大学仏教文化研究叢書二八、思文閣出版、二〇一一年

山田寺跡

特別史跡

・奈良県桜井市山田
・交通　飛鳥資料館より東へ徒歩約10分

飛鳥から桜井市街地へ通じる県道南東の一段高いところ、現在の山田寺の南側に、整備された史跡地がひろがる。発掘調査でみつかった遺構は盛土で保護され、建物基壇は盛土の高まりで表現されており、かつての伽藍地を歩いてまわることができる。東面回廊の一部には蓮弁をもつ礎石を模した花崗岩が、金堂前には礼拝石と同サイズの板石のレプリカが置かれている。

山田寺跡

飛鳥資料館

・奈良県高市郡明日香村奥山601
・電話　0744（54）3561
・開館時間　9：00～16：30（入館は16：00まで）
・休館日　月曜（祝日と重なるときは翌日）、12月26日～1月3日
・入館料　一般260円、大学生130円、高校生および18歳未満無料
・交通　近鉄橿原神宮前駅・飛鳥駅から「飛鳥周遊バス（赤かめ）」で飛鳥資料館前下車。橿原神宮前駅・飛鳥駅にはレンタサイクルもある（約30分）。近鉄桜井駅から奈良交通（37系統：石舞台行）バスで「飛鳥資料館前」下車。

独立行政法人国立文化財機構奈良文化財研究所附属の資料館で、七世紀に日本の政治・文化の中心であった飛鳥の発掘資料を中心に、最新の飛鳥研究の成果をわかりやすく展示している。第一展示室では、高松塚古墳をはじめとする古墳の出土遺物、日本最初の水時計である水落遺跡や飛鳥寺・川原寺など飛鳥を代表する遺跡の出土品と模型を展示。第二展示室に、山田寺の東面回廊を、もっとも残りのよかった柱間三間分の部材を本来の位置に使って、当時の建築構造と規模がわかるように組み立てなおし再現している。

飛鳥資料館

刊行にあたって

「遺跡には感動がある」。これが本企画のキーワードです。

あらためていうまでもなく、専門の研究者にとっては遺跡の発掘こそ考古学の基礎をなす基本的な手段です。また、はじめて考古学を学ぶ若い学生や一般の人びとにとって「遺跡は教室」です。

日本考古学では、もうかなり長期間にわたって、発掘・発見ブームが続いています。そして、毎年厖大な数の発掘調査報告書が、主として開発のための事前発掘を担当する埋蔵文化財行政機関や地方自治体などによって刊行されています。そこには専門研究者でさえ完全には把握できないほどの情報や記録が満ちあふれています。しかし、その遺跡の発掘によってどんな学問的成果が得られたのか、その遺跡やそこから出た文化財が古い時代の歴史を知るためにいかなる意義をもつのかなどといった点を、莫大な記述・記録の中から読みとることはなはだ困難です。ましてや、考古学に関心をもつ一般の社会人にとっては、刊行部数が少なく、数があっても高価なその報告書を手にすることすら、ほとんど困難といってよい状況です。

いま日本考古学は過多ともいえる資料と情報量の中で、考古学とはどんな学問か、また遺跡の発掘から何を求め、何を明らかにすべきかといった「哲学」と「指針」が必要な時期にいたっていると認識します。

本企画は「遺跡には感動がある」をキーワードとして、発掘の原点から考古学の本質を問い続ける試みとして、日本考古学が存続する限り、永く継続すべき企画と決意しています。いまや、考古学にすべての人びとの感動を引きつけることが、日本考古学の存立基盤を固めるために、欠かせない努力目標の一つです。必ずや研究者のみならず、多くの市民の共感をいただけるものと信じて疑いません。

監　修　戸沢充則

編集委員　勅使河原彰　小野　昭　小野正敏　石川日出志　小澤　毅　佐々木憲一

著者紹介

箱崎和久（はこざき　かずひさ）

1970年福島県生まれ。横浜国立大学大学院工学研究科計画建設学専攻修了。現在、独立行政法人 国立文化財機構 奈良文化財研究所、都城発掘調査部遺構研究室長。
主な著作『埋もれた中近世の住まい』（浅川滋男と共編著、同成社、2001年）、『近世の学校建築』（日本の美術538号、ぎょうせい、2011年）、「東大寺七重塔考」（『論集 東大寺創建前後』ザ・グレイトブッダ・シンポジウム論集第2号、東大寺、2004年）、「日本からみた韓半島の木塔跡」（『日韓文化財論叢 II』奈良文化財研究所・韓国国立文化財研究所、2010年）、「泉涌寺伽藍にみる南宋建築文化」（『日本と《宋元》の邂逅』勉誠出版、2009年）ほか。

写真提供（所蔵）
図2：知恩院所蔵・奈良国立博物館提供（撮影：森村欣司）、図4：興福寺所蔵・飛鳥園提供、図6：毎日新聞社提供、図36：筆者撮影。
上記以外は奈良文化財研究所。

図版出典（一部改変）
図1・8：奈良文化財研究所提供、図2・5・30・41・66：新規作成、図3・9・16・28・37・42・43・44・47・59：『山田寺発掘調査報告』奈良文化財研究所、2002年、図12：坪井清足『飛鳥の寺と国分寺』古代日本を発掘する2、岩波書店、1985年、図19：『吉備池廃寺発掘調査報告』（奈良文化財研究所、2003年）をもとに作成、図31：『国宝建造物東大門修理工事報告』法隆寺国宝保存工事報告書第1冊、法隆寺国宝保存事業部、1935年、図32：『韓国の古建築』韓国建築史研究資料第5号、韓国文化財管理局、1982年、図40：島田敏男・次山 淳『山田寺　その遺構と遺物』日本の美術532号、ぎょうせい、2010年、図45：島田敏男「山田寺東回廊の復原」『仏教芸術』235号、毎日新聞社、1997年。

図版協力
井上直夫、渡邉晃宏、浅野啓介、山下信一郎、岡田 愛、稲田登志子、増田朋子、玉木学恵、小倉依子、土井智奈美、鎌田礼子、西村真紀子、橘 朋子、市村規美、家城りゅう。

シリーズ「遺跡を学ぶ」085

奇偉荘厳（きいしょうごん）の白鳳（はくほう）寺院・山田寺

2012年11月10日　第1版第1刷発行

著　者＝箱崎和久

発行者＝株式会社 新 泉 社
東京都文京区本郷2-5-12
振替・00170-4-160936番　TEL03(3815)1662／FAX03(3815)1422
印刷／萩原印刷　製本／榎本製本

ISBN978-4-7877-1235-6　C1021

シリーズ「遺跡を学ぶ」

A5判／96頁／定価各1500円＋税

第Ⅰ期（全31冊完結・セット函入46500円＋税）

01 北辺の海の民・モヨロ貝塚　米村 衛
02 天下布武の城・安土城　木戸雅寿
03 古墳時代の地域社会復元・三ツ寺Ⅰ遺跡　若狭 徹
04 原始集落を掘る・尖石遺跡　勅使河原彰
05 世界をリードした磁器窯・肥前窯　大橋康二
06 五千年におよぶムラ・平出遺跡　小林康男
07 豊饒の海の縄文文化・曽畑貝塚　木﨑康弘
08 未盗掘石室の発見・雪野山古墳　佐々木憲一
09 氷河期を生き抜いた狩人・矢出川遺跡　堤 隆
10 描かれた黄泉の世界・王塚古墳　柳沢一男
11 江戸のミクロコスモス・加賀藩江戸屋敷　追川吉生
12 北の黒曜石の道・白滝遺跡群　木村英明
13 古代祭祀とシルクロードの終着地・沖ノ島　弓場紀知
14 黒潮を渡った黒曜石・見高段間遺跡　池谷信之
15 縄文のイエとムラの風景・御所野遺跡　高田和徳
16 鉄剣銘一一五文字の謎に迫る・埼玉古墳群　高橋一夫
17 石にこめた縄文人の祈り・大湯環状列石　秋元信夫
18 土器製塩の島・喜兵衛島製塩遺跡と古墳　近藤義郎
19 縄文の社会構造をのぞく・姥山貝塚　堀越正行
20 大仏造立の都・紫香楽宮　小笠原好彦
21 律令国家の対蝦夷政策・相馬の製鉄遺跡群　飯村 均
22 筑紫政権からヤマト政権へ・豊前石塚山古墳　長嶺正秀
23 弥生実年代と都市論のゆくえ・池上曽根遺跡　秋山浩三
24 最古の王墓・吉武高木遺跡　常松幹雄
25 石槍革命・八風山遺跡群　須藤隆司
26 大和葛城の大古墳群・馬見古墳群　河上邦彦
27 南九州に栄えた縄文文化・上野原遺跡　新東晃一
28 泉北丘陵に広がる須恵器窯・陶邑遺跡群　中村 浩
29 東北古墳研究の原点・会津大塚山古墳　辻 秀人
30 赤城山麓の三万年前のムラ・下触牛伏遺跡　小菅将夫
別01 黒耀石の原産地を探る・鷹山遺跡群　黒耀石体験ミュージアム

第Ⅱ期（全20冊完結・セット函入30000円＋税）

31 日本考古学の原点・大森貝塚　加藤 緑
32 斑鳩に眠る二人の貴公子・藤ノ木古墳　前園実知雄
33 聖なる水の祀りと古代王権・天白磐座遺跡　辰巳和弘
34 吉備の弥生大首長墓・楯築弥生墳丘墓　福本 明
35 最初の巨大古墳・箸墓古墳　清水眞一
36 中国山地の縄文文化・帝釈峡遺跡群　河瀬正利
37 縄文文化の起源をさぐる・小瀬ヶ沢・室谷洞窟　小熊博史
38 世界航路へ誘う港市・長崎・平戸　川口洋平
39 武田軍団を支えた甲州金・湯之奥金山　谷口一夫
40 中世瀬戸内の港町・草戸千軒町遺跡　鈴木康之
41 松島湾の縄文カレンダー・里浜貝塚　会田容弘
42 地域考古学の原点・月の輪古墳　近藤義郎・中村常定
43 天下統一の城・大坂城　中村博司
44 東山道の峠の祭祀・神坂峠遺跡　市澤英利
45 霞ヶ浦の縄文景観・陸平貝塚　中村哲也
46 律令体制を支えた地方官衙・弥勒寺遺跡群　田中弘志
47 戦争遺跡の発掘・陸軍前橋飛行場　菊池 実
48 最古の農村・板付遺跡　山崎純男
49 ヤマトの王墓・桜井茶臼山古墳・メスリ山古墳　千賀 久
50 「弥生時代」の発見・弥生町遺跡　石川日出志

第Ⅲ期（全26冊完結・セット函入39000円＋税）

51 邪馬台国の候補地・纒向遺跡　石野博信
52 鎮護国家の大伽藍・武蔵国分寺　福田信夫
53 古代出雲の原像をさぐる・加茂岩倉遺跡　田中義昭
54 縄文人を描いた土器・和台遺跡　新井達哉
55 古墳時代のシンボル・仁徳陵古墳　一瀬和夫
56 大友宗麟の戦国都市・豊後府内　玉永光洋・坂本嘉弘
57 東京下町に眠る戦国の城・葛西城　谷口 榮
58 伊勢神宮に仕える皇女・斎宮跡　駒田利治
59 武蔵野に残る旧石器人の足跡・砂川遺跡　野口 淳
60 南国土佐から問う弥生時代像・田村遺跡　出原恵三
61 中世日本最大の貿易都市・博多遺跡群　大庭康時
62 縄文の漆の里・下宅部遺跡　千葉敏朗
63 東国大豪族の威勢・大室古墳群〔群馬〕　前原 豊
64 新しい旧石器研究の出発点・野川遺跡　小田静夫
65 旧石器人の遊動と植民・恩原遺跡群　稲田孝司
66 古代東北統治の拠点・多賀城　進藤秋輝
67 藤原仲麻呂がつくった壮麗な国庁・近江国府　平井美典
68 列島始原の人類に迫る熊本の石器・沈目遺跡　木﨑康弘
69 奈良時代からつづく信濃の村・吉田川西遺跡　原 明芳
70 縄紋文化のはじまり・上黒岩岩陰遺跡　小林謙一
71 国宝土偶「縄文ビーナス」の誕生・棚畑遺跡　鵜飼幸雄
72 鎌倉幕府草創の地・伊豆韮山の中世遺跡群　池谷初恵
73 東日本最大級の埴輪工房・生出塚埴輪窯　高田大輔
74 北の縄文人の祭儀場・キウス周堤墓群　大谷敏三
75 浅間山大噴火の爪痕・天明三年浅間災害遺跡　関 俊明
別02 ビジュアル版 旧石器時代ガイドブック　堤 隆

第Ⅳ期　好評刊行中

76 遠の朝廷・大宰府　杉原敏之
77 よみがえる大王墓・今城塚古墳　森田克行
78 信州の縄文早期の世界・栃原岩陰遺跡　藤森英二
79 葛城の王都・南郷遺跡群　坂 靖・青柳泰介
80 房総の縄文大貝塚・西広貝塚　忍澤成視
81 前期古墳解明への道標・紫金山古墳　阪口英毅
82 古代東国仏教の中心寺院・下野薬師寺　須田 勉
83 北の縄文鉱山・上岩川遺跡群　吉川耕太郎
84 斉明天皇の石湯行宮か・久米官衙遺跡群　橋本雄一
85 奇異荘厳の白鳳寺院・山田寺　箱崎和久
86 京都盆地の縄文世界・北白川遺跡群　千葉 豊